Brigitte Boothe
Eckhard Frick

Spiritual Care

Brigitte Boothe
Eckhard Frick

Spiritual Care

Über das Leben und Sterben

orell füssli Verlag

Umschlaggestaltung: Hauptmann & Kompanie Werbeagentur, Zürich
Druck und Bindung: CPI books GmbH, Leck

ISBN 978-3-280-05623-3

Die Deutsche Nationalbibliothek verzeichnet diese Publikation in der Deutschen Nationalbibliografie; detaillierte bibliografische Daten sind im Internet unter www.dnb.de abrufbar.

FSC® www.fsc.org
MIX
Papier aus verantwortungsvollen Quellen
FSC® C083411

Inhalt

Einleitung

Bleibe bei uns; denn es will Abend werden. (Lukas 24,29a)
Abide with me; fast falls the eventide. (Henry Lyte, 1847)

Guten Tag, Grüß Gott, sehr geehrte Damen und Herren, liebe Leserinnen und Leser! Wir heißen Sie herzlich willkommen und wünschen Ihnen gute Lektüre. Wir wünschen Ihnen, je nachdem, wann Sie unser Buch in die Hand nehmen, einen guten Morgen, einen guten Tag oder einen guten Abend!

»Es will Abend werden«, heißt es bei Lukas und auch im englischen Kirchenlied von Henry Lyte. Es wurde Abend, auch für ein siebenjähriges Mädchen und ihre Großmutter, die einen erlebnisreichen Tag miteinander verbracht hatten. Beide schauen vom Sommergarten in den sonnenbeglänzten Abend. Da sagt die Großmutter: »So schnell, wie dieser Tag vergangen ist, vergeht das ganze Leben.« Das kleine Mädchen, soeben noch fröhlich, ist tief bestürzt. Es steht still und stumm und wagt nichts zu sagen, nicht einmal, die Großmutter anzuschauen. Und auch diese blickt das Kind nicht an, schaut schweigend ins Weite. *Sie ist traurig, meine Oma*, denkt das Kind, *viel trauriger, als ich mir vorstellen kann.* Es ist, als stünden die beiden da und hätten alles verloren. Dabei war es doch gerade schön gewesen, und sie hatten sich gut verstanden. Voller Wehmut schaut die Frau auf das Kind, und das Kind, gleichfalls und zum ersten Mal in seinem Leben von Wehmut ergriffen, schaut verlegen zu Boden.

Wehmut gehört nicht unbedingt zu den beliebten Gefühlen. Sicher: Manche geben sich der schaurig-schönen Nostalgie hin, um einen Abschied in die Länge zu ziehen, nachzuerleben. Aber viel häufiger wird Wehmut vermieden. Und versteht man die Wehmut überhaupt? Wie ist es mit der Wehmut der Großmutter? Der Tag mit der Enkelin hatte sie froh gemacht. Das Ende kommt. Sie erlebt zusammen mit dem Kind ein schönes und ruhiges Verklingen des Tages. *Es wird vielleicht nie mehr so sein*, denkt sie. Warum ist das schmerzlich für sie? Weil es flüchtig ist und weil sie nichts halten und bewahren kann und sich hilflos danach sehnt. Das teilt sich dem Kind mit, das sich seinerseits zu schwach und hilflos fühlt, der Großmutter nahe zu sein. Ein sprachloses Innesein von Zerbrechlichkeit des Daseins, von Grenze, Endlichkeit und Verlust, dem man sich ausgeliefert fühlt.

Wehmut ist ein Gefühl, das auf die Aussichtslosigkeit eines Verlangens antwortet und den Betroffenen hilflose schmerzliche Schwäche erleben lässt. Es wäre klug, so etwas gar nicht erst zuzulassen, würde ein Mentor wohl raten, der die Steigerung des Humanpotenzials zugunsten wirkungsmächtiger Tüchtigkeit im Sinn hat. Was das Selbstgefühl bedroht – Schmerz, Verlust und Verstörung beispielsweise –, sollte bewältigt werden. Ein breites Instrumentarium psychologischer Interventionen und Bewältigungsprogramme steht zur Verfügung. Wir wollen bewältigen, um nicht überwältigt zu werden, ahnen aber, dass wir in unserer Begrenztheit die Überwältigten sind, auch wenn wir es nicht wahrhaben wollen.

»Es will Abend werden«, heißt es bei Lukas, im englischen Kirchenlied und auch in der Geschichte vom schnell vergehenden Leben. Im Lied wird der Abend seelenvoll besungen, auch Großmutter und Enkelin erleben einen prachtvollen Sommerabend. Im Herbst, am nahenden Abend des Jahres, fallen zwar die Blätter, aber sie leuchten golden. Etwas geht zur Neige, wird aber in dieser Endlichkeit gerade denkwürdig und kostbar. Beim quantitativen oder chronometrischen Zeitbegriff geht es um die Messbarkeit festgelegter zeitlicher Einheiten. Im subjektiven oder qualitativen Zeiterleben – auch von Eigenzeit ist manchmal die Rede – wird Zeitlichkeit beispielsweise als persönliche Geschichte erfahren, als sich dehnende Ödnis, quälender Stillstand, drängende Hektik, willkommene Stille, erfüllter Augenblick, bewegte Turbulenz, Erwartung des Zukünftigen. Es gibt in der qualitativen Zeiterfahrung den »Kairos«, den wichtigen Augenblick, den es nicht zu versäumen oder zu verpassen gilt. Man soll ihn – in Luthers Übersetzung von Eph 5,16 – »auskaufen«, das heißt, ihn sich aneignen in einer Währung, die man sozusagen als Investition der Seele bezeichnen könnte. Leben vollzieht sich in Zeitlichkeit; auch heute denken wir, angstvoll und bang manchmal, an die Zeit, die uns zugemessen sein mag, die noch vor uns liegt, uns gegeben ist. Zeit mag uns zwischen den Fingern zerrinnen. Kranke fragen angstvoll den Arzt, wie viel Zeit ihnen wohl bis zum Ende bleibt. Manchmal geben wir uns selbst oder einander Zeit, um Pläne zu verwirklichen. Oder wir leben in Zeiten des Wartens, der Erwartung.

»Abide with me; fast falls the eventide ...« ist ein Gedicht des anglikanischen Priesters Henry Lyte, verfasst wenige Wochen bevor er in Nizza an den Folgen seiner Tuberkulose starb. In der Vertonung von William Henry Monk ist es als

Abend- und Sterbelied, aber auch bei offiziellen und sportlichen Anlässen jedem Briten vertraut. Der Philosoph Whitehead setzt sich in seinem Essay »Prozess und Realität« (1929/1984) mit der Frage auseinander, wie sich das bleibende Wesen (die »Substanz«) und dynamische Veränderungsprozesse zueinander verhalten. Whitehead interpretiert die erste Zeile von «Abide with me; fast falls the eventide« und schreibt:

»Die erste Halbzeile bringt hier das Beständige zum Ausdruck, indem sie das ›Bleiben‹, ›uns‹ und das ›Sein‹ anspricht; und die zweite Halbzeile stellt dieses Beständige in den unausweichlichen Fluss. Darin ist das ganze Problem der Metaphysik zusammengedrängt. Diejenigen Philosophen, welche von der ersten Halbzeile ausgingen, haben uns die Metaphysik der ›Substanz‹ beschert; und jene, die mit der zweiten Halbzeile begannen, entwickelten die Metaphysik des ›Flusses‹. Aber in Wahrheit können die beiden Halbzeilen nicht derart auseinandergerissen werden.«[1]

Das traditionelle Verständnis von der (unsterblichen) Seele als unabhängiger Substanz neben dem messbaren und den physikalischen Gesetzen unterworfenen Körper findet seinen Höhepunkt im Dualismus der beiden Substanzen, wie er von René Descartes im 17. Jahrhundert vertreten wurde. Diesen cartesischen Dualismus lehnen die meisten heutigen Philosophen und Wissenschaftler ab, und mit ihm die Vorstellung von einer bleibenden, von unserer physischen Existenz unabhängigen Seelen-Substanz. »Seele« gilt als wissenschaftlich untauglicher Begriff, obwohl mit »Seele« in der Umgangssprache etwas Wertvolles, Unzerstörbares, emotional Bedeutsames am Menschen bezeichnet wird, das wir gerade nicht aufgeben wollen.

In diesem Buch sprechen wir über die Seele in der von Whitehead beschriebenen Spannung zwischen dem Bleiben einerseits und dem Werden und Vergehen andererseits. Und noch wichtiger: Die Seele selbst spricht, drückt sich im Erzählen aus, in der Art und Weise, wie Menschen mit dem Werden und Vergehen umgehen.

Was hat es also mit der Seele auf sich? Sie bedeutet Empfänglichkeit und Resonanzbereitschaft, Beziehungs- und Erfahrungsoffenheit, Sensibilität für Grenzen und die Fähigkeit, Grenzen zu überwinden, sich selbstvergessen vertiefen und sich überlassen zu können, auch ist sie Ausdruck unveräußerlicher Individualität. Davon handelt das vorliegende Buch in fünf Kapiteln.

Wir setzen im ersten Kapitel ein mit dem Verständnis der Seele als Ausdruck und Geltendmachen von Individualität, und zwar im Bereich des Erzählens, beginnen mit einer Kindergeschichte und befassen uns mit der Bedeutung des Erzählens im Lebensrückblick. Im zweiten Kapitel behandeln wir die Entwicklung des kindlichen Seelenlebens im Zusammenhang mit Empfänglichkeit und Resonanzbereitschaft, Beziehungs- und Erfahrungsoffenheit, um dann einen Bogen zum Alter zu schlagen. Anhand eines Beispiels aus der Psychotherapie veranschaulichen wir die Erfahrung von Verlust, Trauer und Neubeginn. Das dritte Kapitel hat das selbstgewählte Lebensende zum Thema, den Suizid, den Menschen wählen, wenn sie in Angst, Not, Bitterkeit, Schmerz und Verzweiflung den Tod wählen. Wir sprechen über diese Grenzsituationen, indem wir auf die Mitteilungen eingehen, die Verstorbene in ihren Abschiedsbriefen hinterlassen haben. Auch geht es um Unterstützung für Angehörige, die gewöhnlich sehr großen Belastungen ausgesetzt sind.

Besonders wichtig ist das vierte Kapitel, das sich ganz auf die Bedeutung des Spiritual Care konzentriert. Bei Spiritual Care geht es zum einen um das, was Patienten brauchen, was sie an – eben auch spiritueller – Zuwendung wünschen, an Kontakt, Austausch und Hilfe, vor allem in der Pflege. Zum zweiten geht es um die spirituelle Dimension des Caring, des Sich-Kümmerns, des Sorgens für die Seele. Das sind wichtige Qualitäten wie Präsenz, Zuhören, Resonanz und Achtsamkeit. Unbedingt möchten wir darauf hinweisen, dass auch Ärzte für die spirituelle Dimension offen sein müssen. Die Spiritualität der helfenden Berufe wird allmählich als Kraftquelle entdeckt, nicht zuletzt auch im Blick auf die eigene spirituelle Basis, die Verbindung der persönlichen Biografie mit der Motivation für einen heilenden Beruf. Das fünfte Kapitel schließlich ist als Dialog angelegt. Wir fragen, was es heute heißt, im Angesicht des Todes und der Vergänglichkeit zu leben. Wie setzt jemand Prioritäten, dessen Leben durch eine schwere Krankheit bald zu Ende gehen wird? Was heißt es, bezüglich des eigenen Lebens über die eigene Endlichkeit hinauszublicken? Was heißt es, ein Leben zu führen, das seelische Freiheit ermöglicht?

Lassen wir zum Abschluss dieser Einführung Johann Wolfgang von Goethe zu Wort kommen:

»Ich bedauere die Menschen, welche von der Vergänglichkeit der Dinge viel Wesens machen und sich in Betrachtung irdischer Nichtigkeit verlieren: sind wir ja eben deshalb da, um das Vergängliche unvergänglich zu machen; das kann ja nur dadurch geschehen, wenn man beides zu schätzen weiß.«

Erstes Kapitel

Seele und Erzählen – Lebenswunsch und Lebensgrenzen

Der menschliche Körper ist das beste Bild der menschlichen Seele. (LUDWIG WITTGENSTEIN)

Eine betagte Frau im Altersheim erinnert sich an ihr Leben und erzählt von ihrer Freude am Beruf, den sie sich, aus armen ländlichen Verhältnissen in einer kinderreichen Familie stammend, in langen arbeitsreichen Jahren hart erkämpft hatte. Da kam der Ehemann oft zu kurz. Sie wird ernst und traurig und spricht bewegt davon, wie ihr soeben pensionierter Mann plötzlich einen Herzinfarkt erlitt und unverzüglich ins Krankenhaus gebracht werden musste. Sie wollte ihn begleiten, doch der Notfalldienst sagte, es müsse ganz schnell gehen, man müsse gleich operieren. Sie solle zu Hause bleiben und auf telefonische Nachricht warten. »Ach«, erzählt Frau Sutter weinend, »noch jetzt sehe ich sein Gesicht vor mir. Er schaute mich so verzweifelt an, seinen Blick, seinen traurigen Blick kann ich nicht vergessen. Ich würde mir wünschen, dass wir mehr Zeit miteinander verbracht hätten, dass ich ihm in den letzten Jahren näher gewesen wäre. Ich habe im Krankenhaus noch einmal seine Hand halten können. Aber er hat nicht mehr lang gelebt. Es war so traurig.« Sie weint und lächelt dann: »Ich denke oft daran, und dann ist mir schwer ums Herz. Jetzt habe ich es erzählt. Mir ist leichter.«*

Wer körperlich leidet, braucht seelischen Beistand. Wer Kummer hat, ist für Anteilnahme anderer dankbar. Empathie und Perspektivenwechsel bilden die Voraussetzungen für menschliche Beziehungen. Sie werden wirksam, wenn man Hilfe braucht.

Wer erzählen kann, was ihn in der Seele bewegt, dem geht es sogar körperlich besser. Manche Geschichten sind traurig, kummervoll oder erschütternd. Aber es ist gut, sie zu teilen. Ältere erzählen den Kindern, das kann ein wertvolles Vermächtnis sein, etwas, das geschichtliches Bewusstsein schafft.

Die biologische Existenz geht nach Gesetzen der Fort- und Rückentwicklung weiter, ob man es will oder nicht. Jeder muss damit zurechtkommen, besonders in Krisen, aber auch im Zusammenhang mit Alter und Vergänglichkeit. Lebensgenuss und Lebenserhaltung gehen mit lebensfreudiger Vergänglichkeitstoleranz einher, mit dem Annehmen der eigenen, vielleicht als mangelhaft empfundenen Existenz und des undurchschaubaren Daseinsgestrüpps. Die lebenserhaltende, seelenstützende Kraft des Erzählens lässt sich an den großen Erzählungen der Weltliteratur besonders gut dokumentieren.

---

* Wörtliche Zitate von Personen aus dem Mündlichen entstammen stets Transkripten. Diese Zitate wurden für das Buch vereinfacht und ins Schriftgrammatische übertragen.

Erzählen und Empathie

»Und wenn der Mensch in seiner Qual verstummt, gab mir ein Gott, zu sagen, wie ich leide.« Ein geflügeltes Wort; der junge Dichter Torquato Tasso hat am Ende des gleichnamigen Dramas von Goethe (1790, 5. Aufzug, 5. Szene) schwere Enttäuschungen hinzunehmen. Doch findet sein Seelenleid Ausdruck in der Sprache – eine göttliche Gabe. Auch wir müssen in unserem Alltag nicht im Leid verstummen, man kann sich erzählend anvertrauen, nicht nur im Leid. Was uns in tiefster Seele bewegt, ergreift, empört, beunruhigt oder amüsiert, kann Ausdruck im Erzählen finden. Der Lebensalltag ist Lebensgefühl, persönlicher Raum des Erlebens. Was sich ereignet, das berührt und bewegt Gefühl und Gemüt. Damit bleibt man nicht allein. So finden wir Resonanz und geben Resonanz. Wir versetzen uns in die Lage des anderen und umgekehrt.

Aber nicht nur erzählend, sondern auch handelnd stellt man sich empathisch auf den anderen ein. Wir sagen zum Beispiel: »Ich ziehe den Vorhang zu, die Sonne blendet dich«, denn wir rechnen damit, dass es unangenehm ist, geblendet zu werden. »Lass Oma schlafen«, sagt die Mutter zur kleinen Tochter, »sie ist noch müde von der Reise.« Der schüchterne neue Kollege, der auf dem Betriebsfest unbeachtet am Rand steht, atmet auf und wird lebhaft, sobald eine lächelnde Person interessiert auf ihn zutritt. Im Alltag haben wir keine Probleme, empathisch nachzuempfinden, was ein anderer erlebt. Der Königsweg zum Seelenleben führt eben gerade nicht über das Beobachten und Registrieren. Er führt nicht über die Herstellung von Distanz zwischen dem wissenschaftlichen Datensammler und dem Probanden im Labor. Der Königsweg zum Seelenleben liegt darin, Gemeinschaft herzustellen.

Wie es ist, Angst zu haben, sich zu ärgern, zu freuen, zu schämen und so weiter, das bildet eine Figur in unserem Leben (ein »Muster im Lebensteppich«, wie der Philosoph Ludwig Wittgenstein 1967 sagt). Jeder kennt das Gefühl der Angst, weil andere sich mit uns, und weil wir uns mit anderen ängstigen. Wir können uns darüber verständigen, wie es ist, Angst zu haben, indem wir davon erzählen, indem wir Figuren der Angst in Geschichten betten. Denn Erzählen stellt eine »Wie-es-ist-Gemeinschaft« her. Wir schreiben Individuen seelische Regungen zu, antworten auf das, was sie zum Ausdruck bringen. Wir sind wie sie empfänglich und expressiv, schwingen mit und leben in »Wie-es-ist-Geschichten«. Wir kennen alle die Dramaturgie des Ekels, der Angst, des Ärgers, der Freude – und was es noch alles gibt. Wir bringen das erzählend zur Anschauung. Man könnte sagen: »Wie-es-ist-Geschichten« sind Bauformen der Empathie, der Anteilnahme und des Mitgefühls.

Im Erzählen verfügen wir über eine reiche Sprache des Erlebens. Man bringt das Eigene zum Ausdruck und ist empfänglich für das, was den Erzähler bewegt. Und außerdem nutzt man die Sprache effektvoll, unterhaltend, dramatisch und so handlich geformt, dass man die Geschichten nicht so leicht vergisst und weitererzählen kann.

Der Zehner in der Keksdose

Junge erzählen von alten Menschen – alte Menschen erzählen von Jungen. Ein Beispiel:

Meine Uroma besuche ich gern. Immer gibt es was zu lachen bei ihr. Wir machen Spiele zusammen, sogar am Computer. Manchmal lässt sie mich auf dem Speicher herumstöbern. Da sind noch Schulhefte von ihr, wir haben einmal einen Aufsatz von ihr gelesen und uns kaputtgelacht. Und von ihren Kuchen krieg ich nie genug. Am Sonntag hat sie von früher erzählt. Dann musste ich los, und sie hat die Keksdose vom Regal geholt und gesagt: »Komm, hier hast du einen Zehner.« – »Aber du hast mir doch heute Mittag schon einen gegeben!« Da hat sie gelacht und gesagt: »Ja, ich weiß schon, ich wollte dich nur auf die Probe stellen.« Und ich: »Also das kann man hinterher natürlich gut sagen.« Und dann haben wir beide gelacht, und sie stupste mich: »Jetzt aber raus mit dir, alter Schlaumeier.«

Zürcher Kinder sollten Geschichten von alten Leuten schreiben. Der gerade zitierte zehnjährige Autor war einer von ihnen. Er besucht vertrauensvoll die Urgroßmutter in ihrer einladenden und interessanten Behausung. Er lässt es sich schmecken. Denn in diesem Knusperhäuschen wohnt keine kinderfressende Hexe. Im Gegenteil, die Urgroßmutter spendiert dem lieben Urenkel ohne Arg eine Zehnernote aus ihrem Schatzkästlein. Sie ist eine großzügige Schenkerin. Als sie beim Abschied erneut ins Kästchen greift, um dem Kind ein Geldgeschenk zu machen, kommt es zum charmanten Flunkern. Sie habe nur seine Ehrlichkeit testen wollen, sagt lachend die alte Frau. Und der Junge lässt lachend durchblicken, dass er Vergesslichkeit für wahrscheinlicher hält.

Lippenbekenntnisse der Liebe

»Hast du mich denn gern oder willst du nur profitieren?« – das hat diese alte Frau im Unterschied zu prominenten Elternautoritäten der Weltliteratur ihren Urenkel nicht gefragt. König Lear ist so eine prominente Elternautorität; er will wissen, ob er geliebt wird und von wem am meisten. Shakespeares

Tragödie »König Lear« wurde wahrscheinlich am 26. Dezember 1606 am englischen Hof erstmals aufgeführt. Der alte König möchte in Ruhe und von den Pflichten des Herrscheramtes befreit seinen Lebensabend genießen, und zwar in der freundlichen Obhut der Tochter, die ihn am meisten liebt. Welche seiner drei Töchter liebt ihn am meisten? Er glaubt den berechnenden Schmeichlerinnen, vermacht ihnen alles und verstößt Cordelia, die jüngste, die ihre aufrichtige Liebe in schlichten Worten geäußert hat. Nun ist der alte König den herzlosen Töchtern auf Gedeih und Verderb ausgeliefert. Zu spät erkennt er seine Fehlentscheidung. Macht und Geld bringen den Erbinnen langfristig keinen Erfolg, vielmehr bekämpfen sie einander bis auf den Tod. Cordelia will dem verzweifelten Vater beistehen, kann aber nichts ausrichten, sondern kommt selbst durch eine üble Intrige zu Tode.

Spielen – Geben – Nehmen

König Lear hört auf Lippenbekenntnisse und wird ausgenutzt. Die Urgroßmutter ist vergesslich, doch nutzt der Urenkel ihre Gebefreudigkeit nicht aus. Und dieser wiederum hat Stoff für eine heitere Geschichte. Alles kommt vor, direkt und indirekt, was wichtig ist für unsere Reise in die Seelenzeit im Leben zwischen den Generationen. Das Kind bringt Spielfreude und Erfahrungsoffenheit ins Haus. Die alte Frau macht mit, es entsteht eine fröhliche Seelenverwandtschaft. Urgroßmutters Zuhause ist für den kleinen Besucher ein kostbarer Ort, ein Refugium und ein geschichtlicher Raum, kein Knusperhäuschen mit Hänsel-Falle. Zukunft und Vergangenheit sind im Spiel, mit den alten Schätzen auf dem Speicher und im Computerspiel.

Und wenn wir schon beim Spiel sind: Im Zusammensein der beiden sind Spiel und Spielerisches lebendig, sie überwinden im Spiel – auch im erzählenden Spiel – die Verschiedenheit ihrer Erfahrungshorizonte. Spielzeit ist entpflichtete Zeit, Regeln dienen dem Vergnügen. Der spielende Geist ist frei und erfinderisch. Auch die Keksnotenszene wird zum Spiel, hier kommt es auf die Fairness des jungen Mitspielers an. Der Urenkel ist nicht nur das Kind, das gern zur freigiebigen, lustigen Urgroßmutter geht, sondern einer, der Alter und Schwäche bemerkt und versteht. Wer alt und schwach ist, wird wehrlos und läuft wie König Lear Gefahr, Schaden zu erleiden und vernachlässigt zu werden. Solange er etwas zu geben hat, mag man ihm Aufmerksamkeit schenken. Aber wenn er uns braucht? Unseren Schutz, unsere Pflege, unseren Dienst? In den Generationenbeziehungen sind die Eltern, Großeltern, Urgroßeltern zunächst Inhaber von Macht und Wissen, Stärke und Besitz. Wenn das vorbei ist, sollen die Jüngeren sich auf die Ansprüche des bedürftigen Alters einstellen. Die Hexe im Märchen »Hänsel und Gretel« hält zwar süße Verlockungen bereit, frisst jedoch Kinder. Das Bild der tödlichen Gier fällt aber nicht nur zurück auf die alte Frau; es ist auch ein Bild der Angst der Jungen vor den Ansprüchen der Alten an vereinnahmender Zuwendung.

Einsamkeit und Freiheit, Verlust und Bewahrung, schwindendes Leben und neues Leben: In den Geschichten der Kinder beschäftigt das die alten Menschen in tiefster Seele. Und wie schon in der Tragödie des König Lear ist in den Geschichten der Kinder durchaus wichtig, dass Alte am Ende ihres Lebens etwas zu hinterlassen haben. Ein Erbe ist zu verteilen, ein Gut zu vermachen, eine Übergabe vorzubereiten. Es geht um Besitz, Weitergabe und Abgang seitens des Gebers, Würdigung, Dank und Pflege aufseiten des Nehmers. Handfeste Konflikte entstehen hier. In der Welt- und Märchenliteratur kommen sie in wunderbarer Variationsbreite zur Darstellung – man denke nur an die geizigen Alten, die undankbaren Söhne und Töchter oder das Schicksal des *Verlorenen Sohnes* (Lukas 15,11–32), der sein Erbe verschleudert, aber von Glück reden kann, dass sein Vater, zu dem er mittellos zurückkehrt, noch stark, reich und versöhnungsbereit ist. Eine imponierende und großzügige Vater-Autorität.

Gebt mir Halt

Ganz anders eine fragile Großmuttergestalt, gebrechlich, einsam und wunderlich. Es geht ihr nicht gut in der folgenden Kindergeschichte:

In unserer Straße wohnt eine alte Frau, die ist wacklig auf den Beinen und zieht sich ganz komisch an, ganz kunterbunt. Sie ist mit ihrem Hund unterwegs, dann redet sie mit ihm, aber sie redet auch mit sich selbst. Und die Kinder rufen immer Hexe, Hexe, und haben ihr schon eine Vogelscheuche in den kleinen Garten gestellt. Da war sie ganz aufgeregt und wusste nicht, was sie machen soll.

Ein Kind der Enkelgeneration schrieb diese Geschichte von Spott und Hänselei.

Der folgende Bericht stammt von einer Großmutter, die zwar nicht verspottet, aber doch zurechtgewiesen wird. Gerda Gross, über achtzigjährig, im Altersheim lebend, erzählt auch eine Geschichte vom Enkelkind. Man hat sich gemeinsam im Haus der Familie ihrer Tochter vor dem Weihnachtsbaum aufgestellt und singt. Die kleine Enkelin mahnt: »Oma, du singst so falsch. Sing lieber nicht mit.« Die Großmutter erzählt das schmunzelnd. Aber sie hört im Altenheim oft, dass sie etwas nicht kann, dass sie Schwächen und Unzulänglichkeiten hat und andere sich ihr überlegen fühlen. So gern hätte sie nach dem Tod ihres Mannes weiter im alten Zuhause gewohnt. Doch es hieß bei den Kindern und ihrer Schwester: »Jetzt, was machen wir mit dir?« – »Also gut, habe ich gesagt, wenn ich ins Heim muss, dann nur in dieses, dahin, wo ich jetzt bin. Hier hat es mir gefallen, und die Leute sind nett gewesen.«

Frau Gross wird in der Formulierung »Was machen wir mit dir?« zum Restinventar, über das zu verfügen, dem eine Bestimmung zuzuweisen, das womöglich zu entsorgen ist. Frau Gross ist Gegenstand von Fremdbestimmung. Doch immerhin, es ist das Heim ihrer Wahl. Zwei Vorteile haben ihre Entscheidung: Nähe zur vertrauten Umgebung und Freundlichkeit der neuen Kontaktpersonen im Heim. Hilfe und Zuwendung sind gesichert und der Kontakt zur Familie ebenfalls. Daher konnte Frau Gross mit einer gewissen Erleichterung »Ja« sagen. Doch rechnet sie damit, belächelt, belehrt, übers Ohr gehauen oder wie ein unmündiges Kind behandelt zu werden. Selbst ein Enkelkind macht sie, wie oben erwähnt, beim Singen darauf aufmerksam, dass sie lieber aufhören solle. Oft ist Frau Gross im Kontakt mit anderen ängstlich, angespannt und besorgt, muss ihren Kummer und ihre Sorgen mit sich allein abmachen. Frau Gross lebt so, dass sie Beziehungen pflegt und bemüht ist, die eigene Verletzlichkeit und Unsicherheiten möglichst nicht zu zeigen. Mit kleinen Stoßgebeten, die sie seit der Kindheit kennt, wendet sie sich an einen väterlichen Gott, dessen Liebe und Schutz ihrer Seele wohltut. Gott ist für sie ein Helfer, der aus unsichtbarer Ferne wirkt und sich vielleicht rühren und bewegen lässt.

Und nicht nur das. Die Hexe aus »Hänsel und Gretel« und Frau Gross fühlen sich beide unsicher in der Welt, sie kommen nicht gut zurecht, sind ängstlich und ratlos und machen die Erfahrung, dass man ihnen oft wenig einfühlsam begegnet. Frau Gross spürt schmerzhaft die Grenzen ihrer Bewegungsfreiheit, ihres Orientierungsvermögens, ihrer praktischen Fertigkeiten und die Grenzen des Verständnisses bestimmter Mitmenschen. Sie braucht Halt und findet diesen im Gebet. Sie wendet sich so an den Gott ihrer Kindheit, indem sie betend zum schutzbedürftigen, vertrauenden Kind wird. Zum Kind, dessen Flehen rührt, auch wenn der Angesprochene unsichtbar bleibt. Sie vertraut darauf, dass sie Gehör findet. Das tröstet sie.

Ein Geschenk und kein Dank

Auch Edita Rubinova erzählt die Geschichte von einer Enkelin. Es ist traurig und schmerzlich, was sie zu erzählen hat. Doch will sie ruhig bleiben, zugewandt, versöhnlich, will Böses mit Gutem vergelten; diese friedliche Gesinnung ist ihr wichtig. Auch dann, wenn die geschiedene Frau ihres Sohnes zur Prüfung wird, die von ihr alles abverlangt. Einerseits leidet sie mit den Kindern, die unter der Trennung ihrer Eltern leiden, andererseits leidet sie an den Kindern, die ihr mit Ablehnung begegnen:

Zum Beispiel spricht das Mädchen mit mir überhaupt nicht mehr. Sie sieht mich an, als ob ich ein böses Gespenst wäre. Es ist natürlich eine Katastrophe für mich, aber ich kann nichts machen. Sie kommt einmal im Monat zu ihrem Vater, und auch ihm gegenüber ist sie voller Ablehnung und beleidigt. Aber es gibt einen berühmten Rabbi, man hat ihn gefragt, was man mit einem widerspenstigen Kind machen soll. Er hat gesagt: Doppelt so lieb haben, so ein Kind muss man doppelt lieb haben. Und das mach ich, wenn sie kommt. Dann sag ich immer: »Macht nichts. Ich hab dich lieb. Ich bin froh, dass du da bist, ich danke dir, dass du gekommen bist.« Voriges Jahr, als sie Geburtstag gehabt hat, wollt ich mit ihr einkaufen gehen; weil, was ich bringe, das will sie nicht. Da hab ich gesagt: »Wir gehen zusammen.« Da hat sie Nein gesagt, sie habe keine Zeit, mit mir zu gehen. Okay. Dieses Jahr hab ich ihr Geld im Couvert gegeben. Ich hab es ihr geschickt. Aber sie hat nichts gesagt, als sie mich gesehen hat. Ich hab gefragt: »Hast du von meinem Geschenk etwas kaufen können?« Denn sie hat eine sehr schöne Kette angehabt. Ich hab gesagt: »Das ist hübsch.« Und sie hat geantwortet, ja, das habe sie zum Geburtstag bekommen. Dann hab ich gesagt: »Konntest du was von meinem Geschenk kaufen?« Sie hat gesagt: »Ich weiß nicht, ich hab so viele Geschenke bekommen, ich weiß nicht.« Man muss sich selbst erziehen, um das zu ertragen.

Trotz aller Selbsterziehung schmerzen die Ablehnung und Kälte des Kindes sehr. Aber man muss doch, meint die alte Dame, seelische Herausforderungen meistern:

Es geht mir nicht gut, physisch. Aber ich mache, was ich kann, ich versuche es. Ich habe zum Glück jemanden, der mir beim Putzen hilft. Mein Sohn erledigt das Einkaufen; ja, gewiss, es ist so ein Männereinkaufen. Er bringt nicht das, was ich eingekauft hätte, aber es geht schon, ich werde fertig damit, okay! Denn Gewohnheiten muss man auch irgendwie ablegen können. Und es geht. Ich erlaube mir nicht, zu hadern und in Sorgen zu versinken. Das könnte man ja ganz schnell, ganz schnell kann man es fertigbringen, unglücklich zu sein. Das will ich nicht. Ich erziehe mich dazu, nicht unglücklich zu sein.

Zwischen den Generationen kann seelische Nähe, aber eben auch Seelenkälte gelebt werden, wie wir an den Beispielen sahen. Kinder können mitfühlend und empathisch sein, aber auch verletzend und nur auf den eigenen Vorteil bedacht.

Die Älteren kämpfen mit dem Nachlassen der Kräfte und bemühen sich um Seelenstärke angesichts von Kränkungen, Verlusten und Zumutungen.

Wovon sprechen wir eigentlich, wenn wir von Seele reden?

Im Alltag ist das Wort *Seele* recht gebräuchlich. In zahlreichen Redewendungen kommt die Seele vor oder es wird auf Seelisches Bezug genommen. Man ist bei einer Beschäftigung *mit Leib und Seele dabei.* Ein Kind hat Karton und Farbstifte vor sich und malt, was das Zeug hält. Oder es übt seine Rolle als Räuber für die Theateraufführung in der Schule. Es ist dann ganz bei der Sache, im »Flow«, wie man heute sagt. Ein Erwachsener übt am Klavier, vertieft sich in das Stück, vergisst dabei Raum und Zeit. Auch er ist im Flow – oder eben: mit Leib und Seele dabei. Ähnlich mag es einer Tänzerin bei der Probe gehen oder einem Ingenieur beim selbstvergessenen Tüfteln. Der Ingenieur, die Tänzerin, der junge Künstler geben sich ganz ihrer Aufgabe, ihrer Tätigkeit hin und finden darin Erfüllung. Mit Leib und Seele – da geht es nicht nur um Konzentration, Disziplin, Üben, Anstrengung, Durchhalten und Arbeit. Vielmehr lassen sich der Klavierspieler, die Tänzerin, das spielende Kind ganz auf etwas ein. Dieser *seelenvolle* Weltbezug – anders kann man es ja nicht sagen – gilt heute in Fachkreisen, in Psychologie und Philosophie, als wertvoll.

Er ist aber auch ein seltenes, gefährdetes Gut. Sieht die Lebenswirklichkeit unserer Tage nicht anders aus? Dauerbeschäftigung, Dauerzerstreuung sind angesagt. Mit Leib und Seele leben ist schwer. Aber kann man nicht manchmal *die Seele baumeln* lassen? Auch hier denkt man an Leib und Seele, denn in der Redewendung wird ein Verb für körperliche Bewegung gebraucht, doch es baumeln nicht die Beine. Die Seele soll sich sozusagen behaglich in freundlicher Atmosphäre gehen lassen. Hier bin ich Mensch, hier darf ich sein.

Ganz anders, wenn mir *etwas schwer auf der Seele liegt*: Hier schleppt jemand eine Last mit sich herum. Sie drückt ihn nieder. Die bildliche Sprache verwendet wiederum die Sprache des Körpers. Und sieht nicht tatsächlich einer, der eine seelische Last mit sich herumschleppt, gebeugt und niedergedrückt aus? Bei den seelischen Lasten geht es häufig um ein Versäumnis, ein Fehlverhalten oder eine Schuld. Diese können einem schwer auf der Seele liegen, und man kann die Last nicht willentlich beiseiteschieben. Man ist in einem finsteren Bann gefangen; vielleicht kann dereinst Vergebung die Last von der Seele nehmen. Ein Ratsuchender mag seinem Therapeuten sagen: *Ich habe das seelisch nicht verkraftet*, oder: *Es hat mich seelisch verletzt* oder *seelisch belastet. Seelisch* meint hier die Empfindsamkeit, Sensibilität oder Verletzlichkeit; wie bei Schuld und Fehlverhalten ist jemand von einem Leid betroffen, das sich nicht beiseiteschieben oder durch Handeln verändern lässt. Auch hier sind die Klagenden wie in einem Bann gefangen. Das Seelische erscheint als Wesen, dem Kraft fehlt, dem Wunden geschlagen sind, das Schweres zu schleppen hat.

Manchmal verwendet man das Wort Seele, um einer Person eine bestimmte Eigenschaft zuzuschreiben, etwa ein schlichtes Gemüt: Dann redet man etwas herablassend von *einer guten Seele*. Ein solches weltfremdes Wesen – diese gute Seele – geht in allzu naivem Vertrauen, in kritikloser Freundlichkeit und ohne Arg durchs Leben. Eine *treue Seele* erfährt auch nicht viel Respekt, vielleicht aber dankt man ihr eine schlichte gläubige

Loyalität, die sie jemandem entgegenbrachte, den andere verworfen und fallengelassen hatten. Es gibt aber durchaus *schwarze Seelen*, wenn auch eher in scherzhafter Rede. »Das hast du dir doch wieder in deiner schwarzen Seele ausgedacht«, könnte man lachend einem Freund sagen, der sich einen Spaß mit einem erlaubt. Von *verlorenen* oder *unerlösten Seelen* spricht man heute vorzugsweise in den Bereichen Grusel und Mystery oder allenfalls in kirchlichen Traditionskontexten.

»Ich will doch *meine Seele nicht verkaufen*!«, war von einer jungen Frau zu hören, die Aussicht auf ein Stellenangebot hatte. Ihr Eindruck war, dass sie dort hätte Karriere machen können, aber nur um den Preis gnadenloser Selbstaufgabe. »Ich lasse mich nicht verbiegen!«, meint etwas Ähnliches. Eine trotzige junge Person könnte das sagen, der man vorhält, wie respektlos sie sich bei einem würdigen Anlass benommen hat. Doch wer sich nicht verbiegen lassen will, der will sich vor allem nicht durch Konventionen knebeln lassen. Wer hingegen seine Seele nicht verkauft, will auf etwas Moralisches hinaus. Er versklavt sich nicht selbst, beutet sich selbst nicht aus, macht sich nicht zum Handlanger eines Systems. Was übrigens leichter gesagt als getan ist. Wenn beispielsweise die Rede auf Korruption und Finanzskandale kommt, kann es heißen: »Die haben ihre Seele verkauft.« Man will dann sagen, dass gewisse Personen aus der Finanzwelt um des Geldes willen alle Skrupel über Bord werfen. Verantwortungsbewusstsein ist unbekannt, nichts haben sie im Sinn als Profit, so lautet das moralische Urteil. »Der sittliche Mensch liebt seine Seele, der gewöhnliche sein Eigentum«, soll Konfuzius gesagt haben.

Seele ist Empfänglichkeit

In den bislang gewählten Beispielen gibt es eine Gemeinsamkeit, die uns im ganzen Buch beschäftigen wird: Seele ist Empfänglichkeit. Das Seelische bringt uns in tiefe und ernsthafte Beziehung zu Menschen und Dingen, die Seele lässt uns mit Empfindung und Gefühl, Staunen und Verstand, handelnd und schauend antworten auf die Eindrücke und Erscheinungen, die uns begegnen. Mit Seele, könnte man sagen, sind menschliche Individuen begabt. Seele ist eine Gabe. Seele ist auch der Umgang mit Grenzen. Jemand, der seine Seele nicht verkaufen will, lässt sich nicht durch Vorteilsnahme einschränken. Wer die Seele baumeln lässt, genießt eine Zeit lang köstliches Behagen ohne Anspannung. Die gute Seele kennt in ihrer naiven Vertrauensbereitschaft nicht den klugen Vorbehalt des erfahrenen Skeptikers, der Grenzen wahrt, wenn man etwas von ihm will. Im seelenvollen Weltbezug stimmt man sich voll auf die Sache ein, gibt sich ihr hin, sperrt sich nicht. Wem hingegen etwas schwer auf der Seele lastet, der ist in seinem Denken und Handeln eingeschränkt und unfrei. So geht es auch dem, dessen Seele verdüstert ist. Wer von dem, was ihm Last und Behagen, Hingabe oder Versuchung bedeutet, erzählt, öffnet Grenzen, indem er Beziehung aufnimmt.

Umso merkwürdiger ist, dass im psychologischen, sozialwissenschaftlichen oder biologischen Kontext die *Seele* als beschreibender oder erklärender Begriff derzeit keinen sonderlichen, schon gar nicht systematischen Stellenwert besitzt. Der traditionelle religiöse Bezug, die überkommene Verknüpfung mit einer Tugendlehre, die Vorstellung einer unkörperlichen vermeintlichen Innerlichkeit sind für einen evolutionären, hirn- und psychophysiologischen, aber auch handlungstheoretischen oder sozialpsychologischen Zugang fragwürdig.

Einerseits wissen wir recht genau, was wir meinen, wenn wir von der Seele reden. Andererseits sind die Psychologie und andere Wissenschaften unsicher, ob sie den Begriff »Seele« verwenden sollen.

Seelenheimat in der ganzen Welt

Wir kommen auf Edita Rubinova zurück. Jene jüdische Dame, die ihrer Enkelin so schmerzlich fernsteht. Frau Rubinova ist das einzige Kind eines liberalen jüdischen Elternpaares. Die Familie lebte in Polen, beide Eltern waren in akademischen Berufen tätig und standen der jüdischen Glaubenspraxis fern. Jedoch konnte das Mädchen im weiteren Familienkreis sowohl religiös-jüdisches als auch kirchlich-katholisches Leben kennenlernen. Als der Zweite Weltkrieg ausbrach, war das Kind elf Jahre alt. Die schulische Ausbildung wurde unterbrochen, das konnte nie nachgeholt werden, auch eine Berufsausbildung kam nicht zustande. Das Mädchen überlebte das Warschauer Ghetto in Verstecken, in ständiger Fluchtbereitschaft und mit falschem Pass zusammen mit der Mutter, die in hilfloser Panik auf den Einsatz, den Schutz und die Fürsorge der Tochter angewiesen war. Die Großeltern, die Tante und ihr Vater wurden von den Nationalsozialisten ermordet. Heimatsuche und Heimatlosigkeit blieben so ein Leben lang Frau Rubinovas Thema.

Heute schwankt sie, ob sie ins Altenheim ziehen oder in ihrem eigenen kleinen Haushalt bleiben soll. Spirituelle Lektüre ist ihr Alltag. Sie ist auf den ersten Blick allein in der Welt, ja geradezu isoliert, auf den zweiten Blick jedoch rege und intensiv mit der Welt verbunden. Ihre Kontakte sind in erster Linie und hauptsächlich elektronischer Art, sie tauscht sich im

Internet aus. Sie pflegt jüdische Gebräuche, entzündet beispielsweise am Freitagabend die Schabbatkerzen. Darüber hinaus interessiert sie sich für viele spirituelle Praktiken wie Yoga, Meditation, für die Friedensarbeit des Dalai Lama. Das ist Heimat für sie, Seelenheimat für eine Frau, die Integration und Karriere, bürgerliche Familie und geselliges Behagen im Leben nach der Kriegserfahrung nicht realisieren konnte.

Das Leben hat Sinn, wenn friedliches Zusammenleben in gedeihlichen Beziehungen möglich ist. Dazu bedarf es einer religiösen Einstellung, die konfessionelle Bindungen hinter sich lässt und eine Haltung der Versöhnung und des Entgegenkommens pflegt. Es geht nicht um persönliche Angelegenheiten, sondern um große religiöse, moralische, gesellschaftliche und politische Fragen, auch im Zusammenhang mit der Lage Israels. Der spirituelle Bezug ist ein prägendes und tragendes Moment in Edita Rubinovas Leben, sie interpretiert und rechtfertigt die Welt im Nachdenken über die großen Fragen. Daraus erwächst ihr Mut zum Weiterleben und eine gewisse Hoffnungsperspektive. Dabei nimmt sie Anregungen aus verschiedenen religiösen und spirituellen Orientierungen auf und integriert sie in ihren individuellen Kosmos. Sie versteht sich als Vermittlerin, Botschafterin und Beschwörerin einer Haltung praktizierten Friedens, der möglich wird durch die Bereitschaft, Böses mit Gutem zu vergelten, sich vom Bösen nicht beeinträchtigen zu lassen und dem Gegenüber mit positiven Erwartungen zu begegnen. Es geht um positive Erwartungen, die wirksam werden und das Gegenüber verwandeln. Frau Rubinova hat eine Nische, eine Situation der *splendid isolation* hergestellt, in der sie die elektronischen Medien nutzt, um Kontakte auf religiöser und intellektueller Ebene nach eigener Regie zu pflegen und um ein Leben zu führen, in dem das Nachdenken, das Verbundensein mit dem Transzendenten und die Beschwörung einer lebens- und friedensfördernden Gesinnung entfaltet werden können. Im Interview sagt sie:

Ich hab ein paar spezielle Freundinnen, mit denen tausche ich mich über unsere Lektüren – ich habe an allen Richtungen Interesse, auch wenn es ins Esoterische geht – aus. Ich bin für alle Glaubensrichtungen offen, es geht darum, dass man echt hinter der Sache ist. Mir ist nämlich wirklich nur wichtig, dass einer diesen Weg geht, das, und wir gehen in dieselbe Richtung. Nach meiner Meinung spielt es keine Rolle, mit welchen Ritualen, mit welchen Gesängen oder Gebeten oder Gewohnheiten oder Traditionen, was weiß ich, wir unterwegs sind. Hauptsache, dass man sich damit beschäftigt, dass man nicht nur wie ein Roboter lebt, ganz seelenlos ist, weil man so seelenlos lebt, als wäre man nur ein technischer Apparat. Man denkt dann nicht einmal mehr, dass man vielleicht nichts Böses tun kann, weil man ja nur ein braver Roboter ist.

Die Klugheit der Seele: Grenzen realisieren

Frau Rubinova kommt darauf zu sprechen, was den Menschen ausmacht, etwa was ihn von einem Roboter, von einem Computer unterscheidet. Der Biologe, Philosoph und Soziologe Helmuth Plessner bestimmt die Seele nicht mehr durch den Gegensatz zum Materiell-Körperlichen, sondern durch die Art und Weise, wie Individuen Grenzen aktiv herstellen und mit ihnen umgehen. Das Leben ist von der Auseinandersetzung mit Grenzen bestimmt, zunächst in der Art und Weise, wie wir körperlich oder besser leiblich Raum einnehmen, wie wir uns abgrenzen. Das Organ zwischen Innen und Außen ist die

Kehle, im Hebräischen *næfæsh*. Dieses Wort wird von den griechischen Übersetzern der hebräischen Bibel mit *psychē* wiedergegeben. Die deutschen Übersetzungen sagen *Seele*, *Leben* oder *Wesen*.

Die definitive Grenze des Lebens ist mit Sterben und Tod gegeben, aber schon in vielen Situationen vor dem Sterben ist man mit Grenzen konfrontiert. Die Seele ist das Vermögen, mit der Grenze umzugehen, diese Grenze entweder zu akzeptieren, uns dagegen zu wehren oder Grenzen herzustellen. In diesem Sinne sind wir, mit Plessner gesprochen, grenzrealisierende Lebewesen. Unsere Haut ist eine sensible Grenze nach innen und nach außen und zugleich ein Kontaktorgan. Haut ist Empfänglichkeit und Resonanz, wie auch die anderen Sinne: das Schmecken, Riechen, Hören, der Gleichgewichtssinn und die Wahrnehmung bestimmter Reize aus dem Körperinneren. Sie gestatten, dass schon vor- und außersprachlich ein Selbst- und Weltverhältnis entsteht, das körperlich auf die Umgebung antwortet und sich in den leib-seelischen Beziehungen zu den ersten Kontaktpersonen formt und gestaltet. Eindrucksvoll vermittelt das Beispiel des Tanzens die Resonanzbeziehung zwischen Welt und Seele: Bewegung und Schwung zum Klang der Musik, einzeln, im Paarkontakt oder im Kollektiv. Die Beziehung zum Tanzpartner ist ein Spiel von Führen und Folgen, Kraft und Sanftheit, Nähe und Abstand, Schmiegsamkeit und Energie.

Edita Rubinova ist körperlich lädiert und kann nicht tanzen. Sie lebt mit einschneidenden Begrenzungen, sowohl was ihren Körper als auch was die familiären Beziehungen angeht. Hinzu kommen die Enge ihres Wohnraumes und die knappen finanziellen Ressourcen. Doch ihr Umgang mit diesen Grenzen ist bemerkenswert. Wie sagte sie: »Gewohnheiten muss man auch irgendwie ablegen können. Und es geht. Ich erlaube mir nicht, zu hadern und in Sorgen zu versinken.« Es ist leicht, im Verdruss zu verharren und zu erstarren. Besser ist es hingegen, sich zu öffnen, gerade in den Bereichen, die persönlich besonders wichtig sind. Für Frau Rubinova ist das die Auseinandersetzung mit dem, was heute als Spiritualität bezeichnet wird. Über das Wiederfinden oder Finden der religiösen Einstellung als Hauptthema der zweiten Lebenshälfte spricht auch C. G. Jung, und er fügt hinzu, dass dies nichts mit einer kirchlich-konfessionellen Zugehörigkeit zu tun habe. Er schreibt über den Umgang mit der Grenze in seinem Essay »Seele und Tod«[2]:

»[…] viele Menschen im reifen Alter […] schauen zurück und klammern sich an die Vergangenheit mit geheimer Todesfurcht im Herzen. Sie entziehen sich dem Lebensprozess wenigstens psychologisch und bleiben darum als Erinnerungssalzsäulen stehen, die sich zwar noch lebhaft an ihre Jugendzeit zurückerinnern, aber kein lebendiges Verhältnis zur Gegenwart finden können. Von der Lebensmitte an bleibt nur der lebendig, der mit dem Leben sterben will. Denn das, was in der geheimen Stunde des Lebensmittags geschieht, ist die Umkehr der Parabel, die Geburt des Todes. Das Leben der zweiten Lebenshälfte heißt nicht Aufstieg, Entfaltung, Vermehrung, Lebensüberschwang, sondern Tod, denn sein Ziel ist das Ende. Seine-Lebenshöhe-nicht-Wollen ist dasselbe wie Sein-Ende-nicht-Wollen. Beides ist: Nicht-leben-Wollen. Nicht-leben-Wollen ist gleichbedeutend mit Nicht-sterben-Wollen. Werden und Vergehen ist dieselbe Kurve.«

Nach Jung kann man entweder mit der Lebenskurve – die er biologisch und physiologisch versteht, als Entwicklung und Verfall des Organismus – in Einklang leben oder sich dagegen wehren, indem man seelische Entwicklung vermeidet. In der

Mitte des Lebens komme die Auseinandersetzung mit dem Tod als entscheidende Herausforderung. Es geht darum, spätestens dann das Leben als Orientierung auf den Tod hin zu begreifen. Das meint nicht Vitalitätsverlust, sondern Neubeginn einer Lebensintensität des Seelischen, die sich dem Tod nicht verweigert. Entscheidend ist dann, dass wir in der Lage sind, Grenzen zu realisieren.

Leiden an der Grenze kann Hadern mit der Grenze sein. Eckhard Fricks Vater fiel am Ende seines Lebens das Wörtchen *noch* auf: *Was kann ich noch tun, was ist noch möglich*? Nicht jeder freut sich über ein Kompliment in der Art von: »Wie schön, dass Sie noch bei guter Gesundheit sind!«, oder: »Für Ihr Alter sehen Sie noch gut aus!«. Die Zeitbestimmung *noch* verweist darauf, dass es bald aus sein kann mit Kraft und Schönheit. Andererseits: Gewiss kann es bald zu Ende sein, mag ein Älterer gelassen sagen, jetzt geht es mir noch gut, und ich freue mich darüber. Die Begrenztheit ist dem Nachdenklichen bewusst und ermöglicht einen humorvollen Blick auf das Ende.

Deshalb sei nochmals betont: Das seelische Leben ist das Auseinandersetzen mit der Grenze, in Einklang gehen mit der Grenze und mit dem Weiterziehen der Lebenskurve. Wer das begriffen hat, verzichtet darauf, die eigene Jugendlichkeit retten oder verzweifelt wieder instand setzen zu wollen, die schon aus Gründen fortgeschrittenen biologischen Alters und fortgeschrittener Lebenserfahrung unwiderruflich vergangen ist. Viel interessanter ist es stattdessen, eine neue *Geburt des Lebens* in der Lebensmitte zu ermöglichen. Denn dies erlaubt eine neue Entwicklung der eigenen Person, die nun nicht mehr an einer biologisch bereits vergangenen Phase festhält. Die Erfüllung des Lebens gerade in seiner Begrenztheit schafft das besondere Daseinsgefühl der zweiten Lebenshälfte.

Kräftige Lebensmitte und Vergänglichkeit

Noch ein geflügeltes Wort: »Wie es dem Manne geziemt, in kräftiger Lebensmitte zuweilen an den Tod zu denken«, lässt Gottfried Keller einen der vitalen Schweizer Altrevolutionäre in der Zürcher Novelle »Das Fähnlein der sieben Aufrechten« sagen; ausführlicher: »Wie es dem Manne geziemt, in kräftiger Lebensmitte zuweilen an den Tod zu denken, so mag er auch in beschaulicher Stunde das sichere Ende seines Vaterlandes ins Auge fassen«. Dieses Innewerden der eigenen Endlichkeit mitten im blühenden Dasein wurde schon lange vor Keller im christlichen Memento Mori empfohlen: als Mahnung, Jugend und Kraft, Schönheit und Macht nicht zu überschätzen und beizeiten an unsere Vergänglichkeit, ans Heil der Seele zu denken. Uns Heutige sollte interessieren, wie Frymann – der Altrevolutionär in Gottfried Kellers »Fähnlein der sieben Aufrechten« – sein Vergänglichkeitsmemento weiterführt: »[…] so mag er auch in beschaulicher Stunde das sichere Ende seines Vaterlandes ins Auge fassen, damit er die Gegenwart desselben umso inbrünstiger liebe; denn alles ist vergänglich […] auf dieser Erde […] ein Volk, welches weiß, daß es einst nicht mehr sein wird, nützt seine Tage umso lebendiger […]; denn es wird sich keine Ruhe gönnen, bis es die Fähigkeiten, die in ihm liegen, ans Licht und zur Geltung gebracht hat.«[3]

Keine Todesergebenheit, sondern Daseinswille, der umso mehr beflügelt, als er um die Grenze weiß. Der Gestaltungswille verdankt sich sogar der Gewissheit des Endes. Darin zeigt sich nicht nur eine individuelle Auseinandersetzung mit der Endlichkeit, sondern auch ein politisches Selbstverständnis als Engagierter für die Sache. Das kräftige Leben mitten in der Endlichkeit kommt nicht etwa zustande, weil man sich über die eigene Vergänglichkeit hinwegtröstet durch eine Wunschgewissheit, wie der Nationalismus sie kennt, indem er beschwört, das Vaterland werde ewig leben. Vielmehr sieht der Dichter auch die damals junge Schweizer Demokratie als todverfallen – und umso lebendiger, je wirksamer die Lebenden sie zur Geltung bringen. Die Grenze ist eben ein individuelles, aber auch gleichzeitig ein überindividuelles Thema mit politischer, kultureller und gesellschaftlicher Bedeutung.

Die persönlichen Identitätspapiere, wie der Reisepass, entscheiden darüber, ob man zur Überschreitung von Landesgrenzen legitimiert ist. Verfolgung und Vertreibung nötigen zu einem prekären Flüchtlingsstatus, der verbunden ist mit dem Risiko der Abweisung. Grenzen bestimmten von früh an Edita Rubinovas Leben einschneidend. Lange vor dem Älterwerden und dem Scheitern der Beziehungen oder dem Zerrissen-Sein zwischen verschiedenen Ländern wie Polen, England, Deutschland, Israel, Schweiz und Niederlande. Früh wurden ihr Lebensmöglichkeiten genommen, sie konnte nicht zur Schule gehen und keine berufliche Orientierung erreichen. Ihre Familie zerbrach. Edita Rubinovas Leben ist gezeichnet durch Grenzerfahrungen, die ihr Leben bedrohten, ihre soziale Zugehörigkeit einschränkten und privates Glück überschatteten.

Die Schrecken von Vertreibung und Verfolgung trafen auch den Philosophen Helmuth Plessner, der als Halbjude in die Türkei und in die Niederlande emigrierte und notgedrungen zum Weltbürger zwischen Deutschland, USA und Schweiz wurde. Menschen – leider ist dieses Thema in den kriegerischen Auseinandersetzungen und den terroristischen Verfolgungen unserer Tage sehr aktuell – können durch äußere Gewalt an unüberwindliche Grenzen stoßen, können den Verlust der freien Bewegung und Selbstbestimmung erleiden oder, wie bereits erwähnt, durch Krankheit, Schwäche und Hinfälligkeit an ihre Grenzen gelangen. Einige – man denke an Edita Rubinova – überwinden Begrenzungen durch das, was der österreichische Psychologe Viktor Frankl als »Trotzmacht des Geistes« bezeichnet. Die Flüchtlinge, die seit einigen Jahren nach Europa kommen, weil sie in der Heimat an Leib und Leben bedroht waren und oft ihre Existenzgrundlage verloren haben, stehen, wie vor langer Zeit Frau Rubinova, vor großen Herausforderungen, sich im fremden Land neu zu orientieren. Auch sie brauchen eine Trotzmacht des Geistes und menschliche Unterstützung, um Mut zum Neubeginn zu finden.

Biologische Entwicklung und seelische Orientierung

C. G. Jung führt gleichsam Goethes Satz vom »Stirb und Werde« weiter. Bei Goethe heißt es: »Und so lang du das nicht hast, dieses: Stirb und Werde!, bist du nur ein trüber Gast auf der dunklen Erde.« Jung vergleicht die Lebenskurve mit der Parabel, die ein Wurfgeschoss in die Luft zeichnet. Biologische Entwicklung und seelische Orientierung können einander ergänzen, oder eben auch gerade nicht:

»Das Geschoss steigt zwar biologisch, aber psychologisch zögert es. Man bleibt hinter seinen Jahren zurück, man bewahrt seine Kindheit, wie wenn man sich vom Boden nicht trennen könnte. Man hält den Zeiger an und bildet sich ein, die Zeit stehe dann still. Ist man mit einiger Verspätung schließlich doch auf einen Gipfel gelangt, so setzt man sich psychologisch auch dort wieder zur Ruhe und, obschon man merken könnte, wie man auf der anderen Seite wieder herunterrutscht, so klammert man sich doch wenigstens mit anhaltenden Rückblicken an die einstmals erreichte Höhe. Wie früher die Furcht als Hemmnis vor dem Leben stand, so steht sie jetzt vor dem Tode.«[4]

Die Romanfigur Dubslav von Stechlin könnte geradezu als Modell für ein Altern und Sterben gelten, das sich der *Lebenskurve* nicht verweigert. Theodor Fontane, geboren im Jahr 1819, schrieb seinen Roman »Der Stechlin« zwischen 1895 und 1897, also in der zweiten Hälfte seiner siebziger Jahre. Erst als Sechzigjähriger begann er, Romane zu verfassen. »Der Stechlin« ist sein letztes Romanwerk, sein Vermächtnis, bevor er 1899 starb. Für Fontane war das Alter ganz im modernen Verständnis eine Entwicklungsphase, eine Phase aktiven Gestaltens und ausdrucksvoller Vitalität. Dubslav von Stechlin ist als Sechziger für uns Heutige zwar noch nicht alt, und auch sein Autor hatte ihm, während er den Roman schrieb, viele Jahre voraus. Aber Fontanes Held wird ernsthaft krank und muss sich mit existenziellen Anfechtungen auseinandersetzen.

Dubslav ist ein aufgeklärter Skeptiker, aber Mythos, Zauber und Hexenwesen gehören zum Spiel der Vorstellungswelten, die der Roman entfaltet. Die Dynamik von lebensfreundlicher Skepsis und christlicher Lebensperspektive hat breiten Raum, denn da sind zwei Autoritäten des Glaubens mit Dubslav in stetem kontroversen Gespräch: seine strenge und imposante ältere Schwester Adelheid, Domina eines Damenstifts, und der protestantische Pastor Lorenzen mit seiner ausgeprägten Fähigkeit, andere und Andersdenkende zu achten. Jung könnte Fontanes Dubslav geradezu als Modell eines Zusammenstimmens von seelischer Einstellung und biologischen Verhältnissen erwähnen. Diese Romanfigur ist äußerst lebendig, charmant, erotisch ansprechbar und gerade in dieser Vitalität der Endlichkeit und der Grenze bewusst. Seine Lust am Denken und Sprechen, seine Nachdenklichkeit und seine humorvolle Selbstzurücknahme setzen gerade intensive Lebenserfahrung voraus. Fontane zeigt, wie Altsein das Selbst-

und Weltverhältnis in besonderer Weise formt und bereichert. Dubslav ist freilich privilegiert: Er verfügt über günstige soziale, medizinische und finanzielle Voraussetzungen. Dazu kommt reiche Erfahrung in der Kunst, Beziehungen herzustellen, zu kultivieren und aufrechtzuerhalten, was heute ebenfalls als hohe Lebensqualität im Alter gilt. Aber auch für Dubslav geht es schließlich dem Ende entgegen. Allein in seinem Krankenzimmer bemüht er sich, gefasst zu sein und daran zu denken, dass sein biologisches Sterben naturgesetzlich bestimmt und gelassen hinzunehmen ist. Doch geht es ihm ganz ähnlich wie uns Heutigen. Er hat Angst, er fühlt sich hilflos. Und schließlich seufzt er: »Das Leben ist kurz, aber die Stunde ist lang.«

Der Seufzer wurde zum geflügelten Wort. Dubslav hat das Gesetzliche im Blick, geradezu als folge er einer Jung'schen Empfehlung, sich ins Biologische zu schicken und dabei Seelenruhe zu erlangen. Dubslav verschließt sich den biologischen Tatsachen nicht, der Blick auf das Gesetzliche erlaubt ihm willkommene Selbstrelativierung. Fontanes Romanfigur findet im Jung'schen Sinn ein lebendiges Verhältnis zur Gegenwart. Doch geht das nur, solange seine mentale Verfassung angesichts des ungewissen, aber bevorstehenden Endes ihm solche Souveränität erlaubt. Nur eben: die *Angst* kommt. Es könnte auch der Schmerz kommen, die körperliche Not. Da ist er wieder zurückgeworfen auf intensiven Selbstbezug im Elend seines Leibes, und es ist vorbei mit der Diszipliniertheit eines Geistes, der sich dem nüchternen Sachbezug ohne Selbstmitleid stellt. Und der Jammer fasst ihn an. Dass er dennoch eine so großartige Sentenz von der langen Stunde der Not und dem kurzen Leben zu seufzen vermag, ist wohl nur im Roman möglich.

Das Ende herbeiführen

Die Stunde des Schmerzes, der Angst und des Missbehagens ist lang. So würde es Frau Anderegg ausdrücken, die ihr Leben im Heim trostlos findet. Sie entwertet, was im Leben noch möglich ist, und will aufgeben. Sie wünscht sich einen assistierten Suizid; ihre körperliche Verfassung ist zwar nicht lebensbedrohlich, sie sieht aber ihr Leiden als unerträglich an. Sie ist eine alte Dame hoch in ihren Achtzigern, die ihre Gesprächspartnerin in ihrem Zimmer mit traurigem Lächeln begrüßt. Wenig Persönliches gibt es dort, nüchtern wirkt der sonnige Raum im Pflegeheim. Frau Anderegg hat sich bereit erklärt, mit mir, Brigitte Boothe, über ihr Leben im Heim zu sprechen, und empfängt mich im Rollstuhl. Sie gehört zu den Bewohnern von Alters- und Pflegeheimen, die auf freiwilliger Basis mit unserer Zürcher Forschungsgruppe Kontakt aufnahmen; uns interessierte, wie es den Einzelnen im Übergang vom privaten Zuhause ins Heim ergangen war, wie sie ihr Leben neu gestalteten, was es ihnen leicht oder schwer machte, sich neu einzurichten, und ob dabei ein Bezug zu Religion oder Spiritualität eine Rolle spielte.

Ich danke ihr für die Zeit, die sie mir schenkt, und frage, ob sie des Gesprächs wegen auf eine Veranstaltung im Heim verzichtet habe, doch das verneint sie: »Ich nehme eigentlich an gar nichts teil und bleibe lieber allein.« Und auf meinen überraschten Blick hin erklärt sie: »Es ist nichts so Rechtes für mich. Aber ich habe auch Gründe. Ich sehe kaum mehr etwas, ich höre so schlecht. Und dann die Schwindelanfälle, die Blähungen; mir wird so leicht übel, und was weiß ich alles. Es soll vegetative Dystonie sein.«

Unter einer vegetativen Dystonie versteht man eine ganze Reihe von Symptomen, die als Fehlfunktionen des vegetativen

Nervensystems zustande kommen. Es geht um Nerven, die nicht willentlich gesteuert werden und organische Symptome auslösen; dann ist das psychische Befinden in Mitleidenschaft gezogen. Viele Betroffene sind besonders anfällig für diese Beschwerden und sind im Vorfeld häufig persönlichen Belastungen ausgesetzt. Die Diagnose verweist auf psychosomatische Zusammenhänge; das ist aber bisher nicht eindeutig geklärt.

»Ganz schlimm ist das starke Schwitzen«, sagt Frau Anderegg mit matter Stimme und einem etwas gequälten Gesichtsausdruck, »ich kann nicht unter die Leute gehen.« Sie braucht den Rollstuhl, weil sie sich vor einigen Wochen einen dreifachen Beinbruch sowie einen Bänderriss zugezogen hat. Sie plagen Schmerzen, trotzdem geht sie sparsam mit lindernden Medikamenten um, weil sich andernfalls die Verdauung verschlechtern würde.

»Am Anfang war es sehr schwer für mich, ich wollte nicht weg, nicht fort von meinem schönen Zuhause und von meinem Mann; vor Heimweh habe ich es fast nicht ausgehalten, ich konnte nichts mehr essen. Aber was tun?« Damals litt sie täglich unter lang anhaltenden Schwindelanfällen, Übelkeit und Erbrechen. Es wurde immer schlimmer. Der Ehemann, selbst Diabetiker und dem Unterstützungsbedarf seiner Frau nicht gewachsen, hielt Ausschau nach einem Platz im Pflegeheim; schweren Herzens siedelte sie um. Ob sie enttäuscht war? Ob sie fürchtet, ihrem Mann nur noch eine Last zu sein?

Wenn sie manchmal solche Gedanken beschleichen sollten, dann geht sie dagegen an: Er sei ein lieber Mann, er komme auf Besuch. Aber dann quälen sie Zweifel: Wenn er da sei, dann klage sie ihm alles und könne kaum damit aufhören; sie sagt nicht, worum es bei den Klagen geht, wahrscheinlich um ihre Schmerzen und Beschwerden und dass es oft schwer ist im Heim. Eine Pflegerin habe schon zu ihr gesagt, sie solle nicht so viel klagen, ihr Mann würde das schlecht aushalten, aber – sie lächelt dabei – »er ist doch so ein Lieber«. Wenn die beiden Töchter – Psychiatrieschwestern – zu Besuch kommen, klage sie nicht. Oft seien sie ja auch mit dem eigenen Leben, mit ihren Berufen, so beschäftigt, da wolle sie nicht eine zusätzliche Last sein. Ihr blasses Gesicht drückt Resignation aus. Sie sei sich ja selbst nur noch eine Last. Das Personal im Altersheim, oft fremdsprachig, wechselt häufig. Auf dem Gang trifft sie ständig demente Patienten, das bedrücke und verstöre sie zusätzlich. Andererseits hat sie an der Betreuung nicht wirklich etwas auszusetzen, sie sei durchaus gut aufgehoben. Mit was beschäftigt sie sich? Mit Radiohören. Lesen kann sie nicht, Hörkassetten mag sie nicht, Musik macht sie nervös. Aber sie freut sich an Wortsendungen, an Diskussionen, an Informationssendungen. Besonders gern höre sie Biografisches, etwas über menschliche Schicksale.

In Frau Andereggs Leben ging es ums Lernen, ums Unterwegssein, ums Familiegründen, im Familienverband zu Hause sein. Sie stammt aus der städtischen Ostschweiz, hat einen etwas älteren, noch lebenden Bruder, die Familie betrieb seit mehreren Generationen ein erfolgreiches eigenes Geschäft, war in der reformierten Kirche, ohne dem Religiösen große Bedeutung beizumessen. Als junges Mädchen hatte sie es abgelehnt, sich konfirmieren zu lassen; als die eigenen Kinder konfirmiert werden sollten, nahm sie das hin. In ihrer Kindheit und Jugend las sie viele Bücher und war besonders tierlieb. Der Bruder studierte und ergriff einen akademischen Beruf, Frau Anderegg absolvierte während des Zweiten Weltkriegs eine Hauswirtschaftslehre, war dann in der Schweiz teils mit unterschiedlichen beruflichen Aufgaben unterwegs, unter anderem als nichtexaminierte Hilfskraft im ärztlichen Labor, später in einer chirurgischen Praxis. Sie heiratete, das erste Kind kam auf die Welt; und als die zweite Tochter da war, beendete sie ihre berufliche Zeit.

»Wozu bin ich auf der Welt? Woran kann ich glauben?«, das habe sie sich oft gefragt. Aber dann wurden die Töchter geboren, nun war ihr der Sinn ihres Lebens nicht mehr zweifelhaft. Frau Anderegg ist nun seit 60 Jahren verheiratet und lebte mit ihrer Familie in einem stattlichen Haus; das hatte ihr Vater ermöglicht, der seinerseits gemeinsam mit der Mutter in der Nähe wohnte. Die Bindung an die eigenen Eltern und weitere Verwandte blieb lebenslang stark. Wer aber ist ihr Ehemann? Wie ist ihr Verhältnis zu ihm? Das bleibt ungesagt.

Frau Anderegg liebte Tiere und hatte Freude an diesen Hausgenossen. Wäre es nicht schön, im Heim ein Tier zu halten? Oh nein. Das kommt für sie gar nicht in Frage: »Nein! Tiere habe ich immer gehabt. Aber jetzt ist Schluss damit.« Nicht etwa, weil sie für das Tier nicht würde sorgen können. Vielmehr geht es um die nachdrückliche und stolze Deklaration eines selbstbestimmten Abschieds vom einst geliebten Tierkontakt. Das Kapitel mit den Tieren ist in ihrem Lebensbuch jetzt einfach abgeschlossen. Das einst genossene Glück hat keinen Platz in der neuen Lebenssituation. Das gilt auch für anderes. Man könnte ja im Heim Geselligkeit genießen, manchmal feiern, sich mit Büchern abgeben, das Zimmer gemütlich machen; doch weigert sich Frau Anderegg, solche Ersatzbildungen und Neuorientierungen zu kultivieren. Ich gebe mich mit billigem Ersatz nicht zufrieden, es gibt keinen brauchbaren Ersatz, scheint sie mitteilen zu wollen. »Ach, eigentlich kann man ja nicht mehr richtig in Kontakt kommen«, sagt sie. »Ich habe es auch mal probiert. Da gab es eine ganz sympathische Person, aber auf die Länge sagt es mir einfach nichts mehr.«

Das alte Leben war vor der schweren Zeit mit den Schwindelanfällen, der Übelkeit, der zunehmenden Schwäche reich gewesen. Das jetzige ist im Kontrast dazu geradezu arm. Frau Anderegg unternimmt nichts, diesen Kontrast zu reduzieren – im Gegenteil, sie verschärft ihn zunehmend. Das Leben im Heim ist von geringem Wert, es ist sogar farblos und gleichgültig.

Doch nicht ganz. Da sind monatliche Beratungsgespräche mit einer erfahrenen, vertrauenswürdigen, liebenswürdigen und hochgeschätzten Frau, der sie alles Persönliche mitteilen kann. Diese Gespräche gelten ihr persönlich, wie ja auch das Forschungsgespräch mit mir etwas Wichtiges und durchaus auch Persönliches ist. Sie erhält Zuwendung von Personen, die etwas gelten, die etwas zu sagen und zu geben haben. Deswegen findet sie, auch das Interview sei *etwas ganz anderes!* Persönliche Zuwendung könnte für Frau Anderegg eine sehr bedeutsame Beziehungserwartung sein, auch das körperliche Leiden könnte im Dienst dieser Beziehungserwartung – als Appell an Pflege, Fürsorglichkeit und Support – stehen. Wer unter Schwindel leidet, findet keinen sicheren Halt, wer schlecht sieht, hat keine Orientierung, wem immer wieder übel ist und wer das Essen schlecht verdaut, dem bekommt die Lebensnahrung nicht.

Und dann geht es noch um eine Art Licht- und Heilsgestalt: Sie hatte Kontakt zu einem Pfleger, der ihr ganzes Herz gewonnen hat. Er war für sie die Verkörperung der Menschenliebe, aber auch ein Leidensmann, der, selbst schwer erkrankt, dennoch alle mit seiner Liebesfähigkeit beschenkte:

»Er war wie ein Wunder. Er hatte dann aber eine aggressive Leukämie gehabt und ein ganzes Jahr damit gekämpft. Er hat mir so gefehlt. Und wir haben Angst gehabt, dass er die Krankheit nicht überlebt. Jetzt ist er aber zweimal wiedergekommen. Das waren solche Lichtblicke.«

Ein Wunder ist, dass dieser Mann die tödliche Krankheitsattacke überlebte. Der Segen, das Heilende, das von ihm ausging, hielten ihn selbst am Leben. Der Mann wird dargestellt als Erscheinung der Liebe, nach der man sich sehnt. »Ja, der hat eine Ausstrahlung, eine solche Ausstrahlung von Liebe. Mit allen ist er lieb.« Frau Anderegg selbst ist Skeptikerin und Agnostikerin, äußert aber eine gewisse wohlwollende Toleranz für sympathische und umgängliche Repräsentanten der Kirche; es fällt ihr sogar ein humor- und gemütvoller Pfarrer aus der Kindheit ein und ein anderer Geistlicher, der Pfarrer, der bei der Beerdigung der Eltern amtierte. Doch dann wird sie zornig über das Leiden, dem sie ausgesetzt ist, dem andere ausgesetzt sind, und über die Zumutung von Seelsorgern, angesichts solch offensichtlicher Ungerechtigkeiten an einen gütigen Gott glauben zu sollen:

»Einmal hat jemand – ich war noch ein Kind – gesagt, die Sünde und das Leid sei in die Welt gekommen, weil Eva dem Adam den Apfel gegeben hat; und deswegen müsse die Frau eben auch unter Schmerzen gebären. Das hat mich furchtbar wütend gemacht. Ich weiß nur noch, dass ich die Treppe dort runtergerannt bin beim Schulhaus und wütend gewesen bin, aber wer das jetzt genau gewesen ist, weiß ich nicht mehr.«

Nun schildert sie ihren Tagesablauf als leer und plagenreich. Und schließlich kommt es zu einem Bekenntnis: »Ja, wissen Sie, also jetzt sage ich es Ihnen, ja, ich möchte sterben. Ich habe schon Kontakt mit der Sterbehilfe aufgenommen.«

Andererseits: So lange der Ehemann lebt, sollte ihr Leben noch weitergehen. Der Tod sei nichts, nach dem Tod komme nichts. Solange man lebe, solle man sich Mühe geben. Irgendwie Mühe geben. Das heißt für Frau Anderegg, dass sie sich viel mehr als früher »einfach ganz in den Hintergrund stellen«, sich »selbst zurücknehmen« wolle. Früher habe sie selbst andere stark in Anspruch genommen. Doch sei zu akzeptieren, dass auch andere Ansprüche an Aufmerksamkeit und Zuwendung stellen. Das gilt auch für das Ende: Nur eine anonyme Gemeinschaftsstätte auf dem Friedhof komme infrage, dort ist die Asche zu verstreuen. »Ich finde mich halt gar nicht wichtig. Auch mein Mann will dann so eine anonyme Stätte. Natürlich soll auch kein Pfarrer kommen, am besten gar keine Abdankung.«

Fassen wir zusammen: Das Ende ihres Lebens möge selbstbestimmt sein. Das Leben hatte einst Sinn. Doch das ist jetzt vorbei. Was gut war, ist verloren. Es soll und darf dafür keinen Ersatz geben. Das Leben im Heim ist keine Phase, die neu und initiativ gestaltet würde. Die Gegenwart wird verworfen. Zukunft ist eine Illusion. Eine religiöse Heimat kann es nicht geben. Es bleibt die Souveränität der Selbstpreisgabe und der Selbstauslöschung. Ein Lebensabschluss wie Asche im Wind. Auf einen Pfarrer kann sie verzichten. Und doch stellt sich der Lebensverneinung der Frau Anderegg die Lichtgestalt eines Pflegers entgegen, der – wie Jesus im Neuen Testament – den Tod besiegt habe. Das könnte heißen, dass sie sich eben doch mit ihrer Not an einen Beziehungspartner, an eine Beziehungspartnerin, ein Gegenüber wendet. Könnte es in diesem Austausch nicht doch eine Wendung geben? Könnte hier nicht doch etwas Neues entstehen? Sogar etwas anderes als die Absicht, eine Sterbehilfeorganisation in Anspruch zu nehmen?

Zwar hat sie sich im Heim – fast – ganz in die Isolation begeben, zwar hat sie sozusagen mit allem abgeschlossen, zwar entwickelt sie in Vorstellung und Phantasie die völlige Auslöschung, aber sie tut das ja immerhin im Gespräch.

Es könnte also hinter dem Wunsch nach beschleunigtem Sterben eigentlich der große Wunsch nach Bindung stehen. Der französische Psychoanalytiker Michel de M'Uzan schreibt über die Trauerarbeit der Sterbenden (travail du répas):

»Wenn er also verlangt, dass man seinen Tod beschleunigt, so versteht er es gleichzeitig, fast unmerklich eine andere Bitte auszudrücken, die es zu entschlüsseln gilt. In der Tiefe erwartet der Sterbende, dass man sich dieser Beziehung nicht entzieht, diesem gegenseitigen Engagement, das er in fast geheimer Weise und manchmal, ohne es zu wissen, vorschlägt und von dem der Verlauf des travail du trépas abhängen wird. In der Tat lässt er sich auf eine letzte Beziehungserfahrung ein, ich vermute in einer Art Gattungswissen der Menschheit. Während die Bindungen, die ihn mit anderen verknüpfen, dabei sind, sich völlig aufzulösen, wird er paradoxerweise von einer machtvollen, unter bestimmter Rücksicht leidenschaftlichen Bewegung ergriffen.«[5]

Manche Suizidorganisationen schreiben sich auf die Fahne, dass sie begleiten und zur Verfügung stehen. Sie machen unter dem Gesichtspunkt der künstlichen Begrenzung des Lebens ein Angebot von Kontinuität und von Bleiben und antworten damit auf eine tieferliegende Sehnsucht. Der Ruf »Hilf mir beim Sterben« verbirgt häufig den Wunsch nach Zusammensein und Gemeinsamkeit. Frau Anderegg will ihrem Leben durch ihre eigene Entscheidung ein Ende setzen. Sie teilt das ihrer Familie und offenbar auch anderen Personen mit. Und bringt damit Doppeltes zum Ausdruck: Einerseits will sie, dass der Suizidwunsch fraglos akzeptiert wird. Andererseits wünscht sie Begleitung in einer Lebenssituation, die sie als nicht lebenswert erachtet. Sie gibt zu verstehen, dass ihr Leben abgeschlossen sei. Doch zieht sie ihr Gegenüber ins Gespräch über Lebensmöglichkeiten, Wert des Lebens und Lebensende. Das imaginierte Lebensende gewinnt so soziale Gestalt. Wir werden uns im dritten Kapitel des Buches ausführlicher mit der Frage des selbstgesetzten Lebensendes beschäftigen.

Intensives Leben vor dem Ende

Seele hängt mit Abschied und Grenze zusammen, schon lange vor der definitiven Grenze des Todes. Mit besonderer Eindringlichkeit stellt dies der Philosoph Karl Jaspers heraus. Seine Aufmerksamkeit gilt nicht allein der Begrenzung als Lebenstatsache, sondern der Art und Weise, wie sie für den Einzelnen und den Kulturprozess zur Herausforderung wird, der zu begegnen ist. Mit der Grenzsituation geht Jaspers zufolge eine gewisse »Haltlosigkeit« einher, und das mehr oder minder verzweifelte Suchen nach einem Halt:

»Diese Grenzsituationen sind als solche für das Leben unerträglich, sie treten daher in restloser Klarheit fast nie in unsere lebendige Erfahrung ein, sondern wir haben faktisch fast immer angesichts der Grenzsituationen einen Halt. Ohne ihn würde das Leben aufhören. Der Mensch ist faktisch relativ selten verzweifelt. Er hat einen Halt, bevor er überhaupt verzweifeln kann; nicht jeder, die wenigsten leben in Grenzsituationen.«[6]

Die lebenslange Herausforderung ist, sich Grenzen und Begrenzungen zu stellen und eben darin Leben in seiner Fülle zu entfalten. Hier ist von Kirsten Jörgensen zu erzählen, die auf der Palliativstation lag und deren Zustand sich in erstaunlicher Weise, man möchte sagen: in wunderbarer Weise plötzlich besserte. Aus der Palliativstation entlassen, lebte sie noch einige Jahre. Sie hatte viele Wünsche, vor allem zu reisen. Sie und ihr Ehemann waren einander in großer Liebe zugetan und erfüllten sich zahlreiche Reisewünsche. Viele Menschen, deren Sterben begonnen hat, haben Träume oder Phantasien vom Reisen. Anders als Frau Jörgensen können sie keine wirkliche Reise mehr unternehmen. Doch die Reisen im Kopf sind wichtig, verschaffen sogar ein Glücksgefühl, überwinden seelisch eine Grenze und schöpfen mit den Augen des Geistes etwas aus, das physisch verwehrt ist. Frau Jörgensen wollte sich nicht von der Aussicht auf ein baldiges Sterben beherrschen lassen. Dazu gehören Mut und Tatkraft – und auch ein Begleiter als Stütze und vor allem als Miterlebender.

In der ersten Auflage des Buches »Den Abschied vom Leben verstehen. Psychoanalyse und Palliative Care« hatte Kirsten Jörgensen ihre Biografie mitformuliert. Später, in der zweiten Auflage von 2016, schaut ihr Witwer Rainer Oechslen zurück auf die gemeinsame Zeit. Kirsten Jörgensen ist hier als Erzählerin ihres eigenen Lebens von ergreifender Präsenz. Das ist eine Bewegung gegen den Tod und zugleich ein spirituell beflügelter *Halt* im Sinne von Jaspers: Einerseits akzeptiert sie die Grenze des Lebens, andererseits gestaltet sie die letzte Lebenszeit, indem sie die Welt bereist und dabei das Glück intensiver Nähe mit dem geliebten Mann genießt.

Zu erzählen ist auch von Herrn Überreuther, der onkologisch und psychotherapeutisch wegen eines Multiplen Myeloms behandelt wurde, einer Krankheit, die zu Zerstörungen der Knochen und dem Verlust der Stabilität führen kann. Herr Überreuther liebte weite Reisen, hatte großes Interesse an indianischer Kultur und Schamanismus. Er teilte – bei weit fortgeschrittener und unheilbarer Krankheit – seiner Onkologin seinen aktuellen Reiseplan mit. Der Patient wollte im Wohnmobil in die Türkei fahren. Die Onkologin meinte: »Eigentlich müssen Sie jede Woche ein Blutbild machen lassen und vielleicht, wenn Sie anämisch sind, rote Blutkörperchen oder Blutplättchen bekommen. Kontrollen und Transfusionen sind in der Türkei aber nicht zu organisieren. Jedenfalls nicht überall.« Doch die Ärztin verstand auch, wie wichtig es für ihren Patienten war, seinen Reiseplan verwirklichen zu können. Herr Überreuther und seine Frau starteten tatsächlich mit dem Wohnmobil in die Türkei. Eines Morgens sagte er nach dem Frühstück zu seiner Frau: »Ach, ich muss mich noch einmal hinlegen.« Legte sich hin und starb. Vermutlich war das ein besserer Tod als das ärztlich und pflegerisch begleitete Sterben im blütenweißen Krankenbett, zumal Bluttransfusionen die Lebenszeit nur minimal verlängert hätten. Die Ärztin kannte den Patienten schon lange und hatte ihm zuvor viele Behandlungen verordnet, die er im Dienst von Lebensquantität und Lebensqualität tatsächlich hatte nutzen können.

Halt finden

An dieser Stelle wollen wir von einem jungen Mädchen erzählen. Einem Kind eigentlich noch, das in tiefstem Elend keinen anderen Ausweg mehr wusste, als sich das Leben zu nehmen. Doch es kam nicht so weit. Der Kontakt mit einem helfenden Menschen gab ihr Halt – jenen Halt, von dem Jaspers gesprochen hat. Dies ist die mündlich berichtete Erinnerung von Sara, einer Überlebenden des Konzentrationslagers Auschwitz. Sara ist dabei ein Deckname. Sie erzählt:

»Ich musste mich als Zehnjährige behaupten, immer alleine behaupten. Im KZ, das war so schwer. Wir hatten so einen Hunger. Eines Tages wollte ich zum Draht gehen, es war ja Elektrodraht. Mitten in der Nacht. Ich konnte nicht mehr. Ich war so hungrig. Und dann kam ein Mädchen zu mir. Sie hat beim Aufseher arbeiten müssen. Sie hat beim Aufseher abends noch aufräumen müssen, er hatte so ein Büro. Und er rauchte. Und sie hatte die Kippen mitgenommen, es gab Mädchen, die schon rauchten. Sagt sie zu mir, Sara, wenn du diese Kippen rauchst, ich hab noch ein Streichholz, komm unter die Decke, dass uns keiner sieht. Wenn du das anzündest, dann dreht sich dir der Kopf, und du schläfst. Na ja, und mir war das so egal. Sie hat mich so gehütet, ich soll nicht zu dem Draht gehen. Und ich bin wirklich eingeschlafen. Und das hat sie jeden Abend mit mir so gemacht, schlaf mal ein, sagte sie. Und so hab ich mir das Rauchen angewöhnt.«[7]

Sara wird davor bewahrt, sich aufzugeben. Sie findet körperlich und seelisch Halt. Ein anderes Mädchen hilft ihr, behütet sie, als sie in äußerster Entbehrung und Erschöpfung aufgeben will. Sie stellt sich in den Dienst der Pflege ihres Schützlings und weiß, wie zu helfen ist. Sie verschafft der Verzweifelten, die dem Tod so nah ist, eine gewisse Linderung.[8] Sara überlässt sich der schwesterlichen und mütterlichen Magie des Beruhigens und Entspannens und erfährt, dass ihr Leben als kostbares Gut behandelt wird. Die Retterin haucht Sara wörtlich und symbolisch Leben ein. Wer, wie Saras Retterin, soziale und emotionale Intelligenz im Dienst des anderen entfaltet, verfügt zugleich über die Kunst der Selbst-Dezentrierung, der Selbstzurücknahme, die bereichernd ist: Die Person, die freiwillig eigene Ressourcen für Mensch und Sache investiert, ist sogar unter desolaten Bedingungen reich und wirksam.

Sara verschweigt nicht, dass der Lebenshauch zugleich Gifthauch war: Was ihr geholfen hat, im Schoß der Retterin einzuschlafen und zum hilfreichen Einschlafritual wurde, war andererseits Ursache für eine lang bestehende Nikotinabhängigkeit. Sara wurde 1929 in Polen in wohlsituierten Verhältnissen geboren. 1941 wird die ganze Familie verschleppt und in unterschiedliche Lager deportiert. Das Mädchen verrichtet jahrelang Zwangsarbeit, im Konzentrationslager von Groß-Rosen ab 1944 härteste Arbeit im Gleisbau. Nach der Befreiung durch die Rote Armee 1945 findet sie in Katowice die Mutter wieder. Vater und Schwester sind in Auschwitz ermordet worden. Sara engagiert sich beim Aufbau eines Kibbuz in Polen, beschließt die Auswanderung nach Palästina, heiratet dort einen politisch und sozial engagierten Mann und etabliert sich als Kinderkrankenschwester mit ihrer Familie erst in Ost-, sodann in den 80er-Jahren in Westberlin.

Empathisch, couragiert und tatkräftig

Die Erfahrungen von Überlebenden wie Sara sind nicht Belastungen, die punktuell in eine mehr oder weniger intakte Lebenswelt eingebrochen sind. Am Beginn der Verfolgung steht die fortschreitende Aufhebung des Rechtsschutzes, das Abdrängen in ein Ghetto, und es kommt zu den ersten Deportationen, da ist die direkte und permanente Lebensbedrohung mit den physischen und psychischen Dauerbelastungen schon allgegenwärtig. Im Lager herrscht ein Regime, das es selbstverständlich macht, dass Familien zerrissen werden. Kinder leisten Schwerstarbeit, alle hungern, Kranke und Schwache werden nicht geschont, sondern ausgesondert und getötet. Sara hat hingegen überlebt. Sie fand eine Lagergenossin, die empathisch, couragiert und tatkräftig war, die ihr an Leib und Seele Hilfe zuteilwerden ließ.

Es ist nicht die einzige Erzählung mit gutem Ausgang, die wir im »Potsdamer Archiv der Erinnerung« fanden. Wir fanden Erzählungen, in denen Lagerinsassen dem Tod entkamen, Erzählungen vom Segen der Freundschaft, dankbare Erinnerungen an rettende Solidarität. Es waren Erzählungen unterstützender und rettender Freundschaft. Erzählungen, die couragierten Freunden und Helfern ein Denkmal setzten. Solidarität konnte rettend sein, ebenso war es – wie auch in Saras Geschichte – Orientierungswissen: Die Solidargenossen kannten sich in der Lagerorganisation aus, waren findig – wie beispielsweise Saras Retterin, die daran dachte, dass es nützlich sei, heimlich Kippen zu sammeln und als Beruhigungsmittel einzusetzen. Freundschaft und Orientierungskompetenz werden von allen interviewten Personen als Schlüsseloptionen des Überlebens geltend gemacht. Und ein Drittes kommt regelmäßig dazu: Der Zufall. Auch andere hatten Freunde, auch andere kannten sich aus und waren findige und listige Akteure. Sie wurden trotzdem Opfer der Gewalt und Entbehrung.

Schutzlosigkeit und Grenze

Von extremer Gewalt und furchtbarer, dauerhafter Todesbedrohung war die Rede. Aber auch in zivilen Zeiten ist man vor Schmerz und Not nicht geschützt. Eine alte Frau, längst mehrfache Großmutter, erzählt vom Tod ihres ersten Kindes, das im Alter von vier Jahren an einer schweren Krankheit starb. Wie sollen Eltern den Tod eines Kindes verkraften? Sie beerdigten den kleinen Jungen und besuchten das Grab. Eines Tages war sie allein dort: »Dann stand ich einmal auf dem

Friedhof mit meinen schwarzen Kleidern vor dem Grab, und ich habe mich nicht umgeschaut, und dann legte mir jemand die Hand auf die Schulter und sagte: ›Das Kind zeigt Ihnen den Weg zum Himmel.‹ Ganz deutlich war das. Ich sah aber niemanden und habe mich auch nicht umgeschaut. Es war seltsam. Ich bin keine große Kirchgängerin, ich glaube nicht an Wunder. Aber an diesem Tag bin ich heimgegangen, und zum ersten Mal konnte ich ruhig einschlafen. Ganz langsam fasste ich wieder Mut; mein Mann und ich redeten davon, dass wir uns wieder Kinder wünschten. ›Das Kind zeigt Ihnen den Weg zum Himmel.‹ Vielleicht ist für mich mein kleiner Goldschatz nicht ganz verloren.«

Sara wurde gerettet, der kleine Junge nicht. Es bleibt nur der letzte Abschied. Und im Abschiednehmen eine Stimme, die vom Kind nicht als endgültigem Verlust spricht, sondern von einem Wesen, das – auf rätselhafte Art – Zukunft verspricht.

Der nackte Affe Mensch ist wenig robust. Kein Fell und kein Panzer schützen die zarte Haut, kein Huf, kein Hornballen den Fuß. Kaltes Wasser verträgt der federlose Zweifüßler nicht, er tappt im Dunkeln, und sein Lauf erschöpft sich schnell. Immerzu braucht er Speis und Trank und verträgt doch so vieles nicht. Er empfindet Schmerz und Behagen wie andere Lebewesen. Anfälligkeit, Verletzlichkeit, Schmerzbereitschaft, Irritierbarkeit, Bedrohtheit, Fragilität, Hinfälligkeit sind ihm gewaltig bedeutsam. Wohl und Wehe sind im Kulturprozess eine große Geschichte. Nicht nur die Leiden des Körpers finden Ausdruck und Sprache in Jammer, Schrei und Klage. Jammervoll kann das soziale Leben sein und jammervoll der Blick in den Spiegel. Die Artikulation, die Darstellung, das Ringen mit dem Elend gehören zum festen Bestand der menschlichen Kulturgeschichte, und seit Erzählungen überliefert sind, gibt es die bewegte Schilderung psychischen Elends. Auch Daniel Hell verweist 2008 in einem Artikel im *Tages-Anzeiger* auf die Geistesgeschichte und wie sie dem psychischen Leiden bereits in der biblischen Überlieferung Gestalt und Gewicht gab.[9]

Wer leidet, ist in sich selbst gefangen. Man ist der Pein, der Qual, dem Schmerz ausgeliefert, braucht Abhilfe und findet sie nicht aus eigener Kraft, jedenfalls nicht als hilfloses Kind oder als schwacher Kranker. Das Kind kann weinen, der Kranke stöhnen, der Gepeinigte klagen.

Der Ausdruck des Leidens kann enorme Eindringlichkeit haben und verfügt in der christlichen Ikonographie und im Alltag über ein riesiges Repertoire an Mimik, Gestik und Sprache. Mit Mimik, Gestik und Sprache mobilisiert der Gepeinigte Zuwendung. Er wird getröstet und beruhigt, bedauert und gepflegt. Die Zuwendungskommunikation – eine Überlebenspraxis zwischen Eltern und Säugling – ist ein selbstverständliches Zusammenspiel von Expression und Resonanz. Zuwendung allein aber genügt oft nicht. Häufig bedarf es des gezielten Eingriffs zur Behebung des Schadens. Ausdruck – Resonanz – Handlung: Das Leiden wird ausgedrückt – Leidenskommunikation findet statt – Leiden wird wirksam bekämpft. Der Schmerz schafft intensiven und unmittelbaren Selbstbezug und vermittelt sich deutlich nach außen. Trost und Beistand sind ein Labsal. Gefordert ist aber auch die wirksame Aktion; sie fordert Expertise in der Behebung des Notstandes. Dreifach ist also die Verständigung über das Leiden: der Jammer – der Trost – die Behandlung.

Krankheit und biologisches Sterben bringen Seelennot und Seelenpein, und die Gelassenheit verflüchtigt sich. Man kann sich dem nicht entziehen. Fontane legt seinem Dubslav aber mit dem zuvor erwähnten Seufzer ein Wortspiel in den

Mund über die vielfache Erfahrung der Grenze. Es geht um das scheinbar widersprüchliche Erleben von Zeitlichkeit, die gebieterische Begrenzung seelischer Freiheit durch körperliches Leiden und Bedrängtsein, um die Freude, das biologisch *Gesetzliche* als Grenze des Lebens zu erkennen und zu akzeptieren – und schließlich um die Seelenfreiheit des Spiels. Auch am Anfang dieses Kapitels war vom Spiel die Rede, vom spielerisch-scherzhaften Umgang der Urgroßmutter und des Urenkels mit dem Vergessen – und vom Erzählen als narrativem Gestaltungsspiel der Lebenswirklichkeit.

Zweites Kapitel

Mutterseelenallein? – Seele und Beziehung

Mutterseelenallein

Mutterseelenallein – das ist mehr als einsam. Es ist etwas ganz anderes als Seelenruhe im genussvollen Alleinsein und anders als der Rückzug ins stille Kämmerlein. Mutterseelenallein fühlt sich, wer »von Gott und der Welt verlassen« ist. Kein Ort nirgends, vermisst von niemandem, keiner in Reichweite. Dazu eine Geschichte. Das »Märchen der Großmutter« aus Georg Büchners Drama »Woyzeck« (1837; erstmals gedruckt 1879) zeigt, wie es ist, mutterseelenallein zu sein. In diesem Märchen erwartet ein armes elternloses Kind freundliche Aufnahme bei Sonne, Mond und Sternen. Doch was aus der Ferne einladend aussah, erweist sich in der Nähe als leblos und wertlos. Und so weint das Kind und weint.

»Großmutter: Es war einmal ein arm Kind und hatt kein Vater und keine Mutter, war alles tot, und niemand mehr auf der Welt. Alles tot, und es is hingangen und hat gesucht Tag und Nacht. Und weil auf der Erde niemand mehr war, wollt's in Himmel gehn, und der Mond guckt es so freundlich an; und wie es endlich zum Mond kam, war's ein Stück faul Holz.

Und da is es zur Sonn gangen, und wie es zur Sonn kam, war's ein verwelkt Sonneblum. Und wie's zu den Sternen kam, waren's kleine goldne Mücken, die waren angesteckt, wie der Neuntöter sie auf die Schlehen steckt. Und wie's wieder auf die Erde wollt, war die Erde ein umgestürzter Hafen. Und es war ganz allein. Und da hat sich's hingesetzt und geweint, und da sitzt es noch und is ganz allein.«[10]

Im Märchen geht es zunächst so zu, wie man es von den Brüdern Grimm kennt: Flora, Fauna und Kosmos sind belebt und beseelt. Feld und Wald, Fuchs und Vogel, Himmel und Erde, Mond und Sterne sind für die Anliegen der menschlichen Märchenheldinnen und -helden engagiert, mit Leib und Seele sozusagen. Auch im Alltag redet man beispielsweise »von freundlichem Wetter«, vom »Wonnemonat« Mai, »drohendem Knarren« der Dielen im dunklen Haus, »treuen Hunden«, dem »Flüstern der Blätter«, sogar, ein wenig lyrisch, vom See, der zum »Bade einlädt«. Oder die Welt wird kalt und abweisend geschildert wie in Schuberts Liederzyklus »Die Winterreise« (1827).

Auch im Märchen der Großmutter scheinen Sonne, Mond und Sterne zunächst belebte Wesen zu sein. Und anfangs »guckt der Mond« scheinbar »freundlich«, aber dann zeigt sich: Der Himmel ist indifferent, und auf Erden ist »alles tot«. Keiner nimmt sich des Kindes an. Es ist mutterseelenallein. Keine Antwort, keine Resonanz. Büchner gestaltet im Drama »Woyzeck« das Schicksal eines Mannes, der einer sezierend wissenschaftlichen und zugleich seelenlosen Medizin ausgeliefert ist. Er ist verlassen, bleibt in seiner seelischen Not allein, die Medizin hilft ihm nicht. Das Drama bringt, mit grotesker Überzeichnung, zur Aufführung, wie es ist, als Person nicht gesehen zu werden, nicht in Beziehung zu sein; dazu aus der Szene »Beim Doktor«[11]:

> Doktor: Woyzeck, Er hat die schönste Aberratio mentalis partialis, die zweite Spezies, sehr schön ausgeprägt. Woyzeck, Er kriegt Zulage! Zweite Spezies: fixe Idee mit allgemein vernünftigem Zustand. – Er tut noch alles wie sonst? Rasiert seinen Hauptmann?
> Woyzeck: Jawohl.
> Doktor: Isst seine Erbsen?
> Woyzeck: Immer ordentlich, Herr Doktor. Das Geld für die Menage kriegt meine Frau.
> Doktor: Tut seinen Dienst?
> Woyzeck: Jawohl.
> Doktor: Er ist ein interessanter Kasus. Subjekt Woyzeck, Er kriegt Zulage, halt Er sich brav. Zeig Er seinen Puls. Ja.

Woyzeck kann auf freundliche Resonanz nicht hoffen, seine seelische Not wird kalt seziert. Er bleibt sich selbst fremd und eine verlorene Seele. Mutterseelenallein auch er.

Das unbewegte Gesicht

Im »Märchen der Großmutter« trifft das Kind auf Lebloses. »Und es war ganz allein.« Das erinnert an ein berühmtes Experiment, das seit den 70er-Jahren des letzten Jahrhunderts vielfach zitiert und wiederholt wurde. Es stammt vom Psychoanalytiker und Entwicklungspsychologen Edward Tronick, der 1975 erstmals auf einem Kongress der amerikanischen Entwicklungspsychologen darüber berichtete. Die Forscher untersuchten, wie Säuglinge reagieren, wenn sie mit ihrer Mutter konfrontiert sind, die völlig unbewegt vor ihnen steht, keinerlei mimische Signale sendet und keinen Kontakt zum Kind aufnimmt. Man benutzte in den ersten Studien zwei Kameras, eine gerichtet auf Gesicht und Oberkörper des Babys, die andere auf Gesicht und Oberkörper der Mutter. Eine Digitalanzeige misst die reale Interaktionsdauer pro Sekunde. Das Baby sitzt in einem Babysitz mit verstellbarer Lehne, die Mutter betritt den Raum und soll zunächst mit dem Kind spielen wie zu Hause, mit der Einschränkung, das Kind im Sitz zu belassen. Das Spiel dauert drei Minuten; die Mutter beendet es dann und zieht sich zurück. Nach einer Pause von einer Minute geht sie erneut zum Kind und hält sich wiederum drei Minuten vor dem Babystuhl auf. Jetzt aber ist die Mutter ganz still, stumm, unbewegt und ohne Bezug zum Kind. Das Alter der Säuglinge im Experiment lag zwischen einem Monat und vier Monaten. Die Erfahrung zeigt übereinstimmend, dass alle Säuglinge in der »still face«-Situation in mehreren Anläufen versuchen, der Mutter eine Reaktion zu entlocken, sie zur Interaktion zu gewinnen; angesichts der Resonanzlosigkeit der Mutter kann das Kind Regungen des Protestes zeigen; die Kinder kommen sodann in einen Zustand, in dem sie zunächst vermeiden, die Mutter anzusehen. Dann versuchen sie, keine Notiz von der Umgebung zu nehmen. Schließlich ringen sie um Selbstberuhigung, wirken aber auch resignativ und niedergeschlagen.

Die Mütter berichteten, aufgeregt und bekümmert gewesen zu sein, als sie beobachteten, wie sich das Kind enttäuscht zurückzog. Es hatte sie aufgewühlt zu bemerken, wie wichtig sie den Kindern waren; sie waren erstaunt und berührt davon, wie zielgerichtet und bestimmt die Kontaktversuche der Kinder waren. Sie hatten gleichzeitig das Gefühl eines Verlustes. Das Verbot zu reagieren löste in ihnen das Gefühl aus, das Kind im Stich zu lassen, vom Kind weggerissen zu sein, ein Stück ihrer selbst zu verlieren. Im Anschluss an die »still face«-

Phase versuchten sie häufig, ihren eigenen Rückzug wiedergutzumachen.

Das Beziehungsgeschehen zwischen Mutter und Kind ereignet sich als Zusammenspiel, das bei den Beteiligten bestimmte Erwartungen weckt und erfüllt. Die »still face«-Situation verletzt dieses wechselseitige Geschehen, denn in dem Augenblick, da die Mutter zum Kind kommt, scheint sie eine Begegnung einzuleiten und vorzubereiten, ihre unbewegte Miene aber verweist auf Interesselosigkeit oder inneren Rückzug. Das Kind reagiert zunächst auf das scheinbare Kontaktangebot und begrüßt die Mutter, da diese jedoch nicht darauf eingeht, wendet es sich ab und zieht sich zurück. Es weint sich nicht die Seele aus dem Leib wie das Kind im Märchen. Konfrontiert mit der Unzugänglichkeit und der Resonanzlosigkeit der stummen Gestalt ist es selbst stumm. Das unbewegte Gesicht ist das Antlitz ohne Seelenregung. Das Kind rechnet im Bezogensein auf die Mutter mit dem beseelten Antlitz. Die Mutter spricht das Kind als beseeltes Wesen an. Das Kind zeigt in seiner ganzen Leiblichkeit Resonanz, die Mutter spricht das Kind erneut als beseeltes Individuum an. Und plötzlich fehlt die mütterliche Resonanz. Da ist, wie auch im Märchen, eine Barriere, eine Grenze. Tote Materie. Die ausdrucksvolle Hinwendung des Kindes zum beseelten Gegenüber verlöscht. Kinder, die vergleichbare Resonanzlosigkeit erfahren, und zwar nicht nur für drei Minuten wie im Experiment, sondern über einen längeren Zeitraum – weil sie zum Beispiel in Bewahranstalten mit katastrophaler Betreuung dahinsiechen –, erleiden in der Tat den völligen Verfall ihres seelischen Lebens. Ihnen fehlt die Resonanz auf ihre Leiblichkeit und ihr Ausdrucksverhalten, ihr Bezogensein.

Seelische Verkümmerung

Kinder mögen ordentlich versorgt sein. Aber wenn ihnen seelische Zuwendung fehlt, dann verkümmern sie. Das weiß schon die Sage. Reto U. Schneider betitelt seinen Beitrag in *NZZ Folio* vom August 2014 mit den Worten »Dieser Versuch macht sprachlos«. Es geht um sagenhafte Geschichten, in denen Kaiser und Könige – zum Beispiel Pharao Psammetich im siebten Jahrhundert vor Christus oder Stauferkönig Friedrich II. im zwölften nachchristlichen Jahrhundert – Neugeborene einem Betreuungsregime ausgesetzt haben sollen, das zwar Ernährung und Hygiene sicherstellte, aber sprachliche Kommunikation und wohl auch leiblich-zärtliche Bezogenheit vermied. Die Potentaten wollten auf diese Weise herausfinden, ob das Sprachvermögen angeboren ist und ob es eine Ursprache gibt. Die Experimente scheiterten. Die Kinder starben. So will es die Sage.

Leider keine Sage ist das Experiment, das der Psychologe Wayne Dennis und seine Frau in den 30er-Jahren des letzten Jahrhunderts durchgeführt haben. Sie berichten darüber in ihrer Publikation »Kleinkindentwicklung unter eingeschränkter Aktivität und mit minimaler sozialer Anregung« (1941).[12] Schneider schreibt dazu in seinem Artikel: »Wayne Dennis von der University of Virginia und seine Frau Marsena ließen sich vom Sozialdienst des Universitätsspitals Zwillinge vermitteln, die sie bei sich zu Hause aufnahmen. […] Del und Rey waren 36 Tage alt, als ihre Mutter sie dem Forscherpaar übergab. Dennis behauptete, sie sei über die Natur der Versuche informiert und damit einverstanden gewesen. […] Dennis wollte klären, ob sich die Kinder mit einem Minimum an Fürsorge und sozialen Kontakten normal entwickeln würden. Dazu hatte er im ersten Stock seines Hauses ein Zimmer für die beiden Mädchen eingerichtet, das einer Gefängniszelle glich: ein Tisch, zwei Stühle, eine Kommode und zwei Kinderbetten mit einer Stellwand dazwischen, damit sich die Kinder nicht sehen konnten. In diesem Raum hielten sich Wayne und seine Frau nur auf, um die Kinder zu wickeln, zu baden, zu füttern oder Versuche anzustellen. Tagein, tagaus lagen die Mädchen einfach nur da. ›Wir achteten peinlich darauf, nicht zu plappern oder zu den Kindern zu sprechen, weil wir wissen wollten, ob solche Laute auch ohne Vorbild auftreten würden.‹ Trotzdem begannen die Säuglinge die Betreuer bald anzulächeln, sodass sich selbst hartgesottene Forscher zusammenreißen mussten, damit sie keine Gefühle zeigten, vor allem weil das Ehepaar Dennis im gleichen Haus sein eigenes Mädchen aufzog, das im gleichen Alter war wie die Zwillinge. ›Gefühlsregungen zurückzuhalten war nicht einfach, zumal die Subjekte sehr ausdrucksstark waren.‹«[13]

Wie die Mütter berichteten, die ihrem Baby mit unbewegtem Gesicht begegneten, teilte auch das Forscherpaar mit, dass der Anblick der Kinder, zumal ihr Lächeln, sie anrührte und zu zärtlicher Zuwendung verlockte. Das Experiment ist grausam und leider auch für die Kinder nachhaltig schädlich. Die ethischen Standards der psychologischen Forschung würden Vergleichbares heute nicht mehr zulassen. Dazu Schneider: »Wayne Dennis hing der damals gängigen Meinung an, der Reifungsprozess bei Kindern laufe nach einem festen Programm ab, das kaum äußeren Einflüssen unterworfen sei. Deshalb glaubte er daran, dass die Kinder keinen Schaden nehmen würden. Später untersuchte er Kinder in iranischen Waisenhäusern, die ihn vom Gegenteil überzeugten. Bevor er 1976 als angesehener Psychologieprofessor starb, verurteilte er die Art Vernachlässigung, die er 45 Jahre zuvor Del und Rey hatte zuteilwerden lassen.«

Ulrich Pontes erinnert 2013 in einem Artikel auf der Internetplattform dasGehirn.info an die seinerzeit Aufsehen erregenden Experimente des amerikanischen Psychologen Harry Harlow: »Er isolierte neugeborene Rhesus-Äffchen von ihren leiblichen Müttern und gab ihnen als Ersatz zwei leblose Attrappen: die eine aus Draht, aber dank eines in Brustposition eingebauten Fläschchens fähig, die Jungen zu ernähren; die andere völlig ohne Nahrungsangebot, aber mit einem warmen, kuscheligen Stoffkörper ausgestattet. Und tatsächlich: Vor die Wahl gestellt, tranken die Äffchen zwar öfter kurz an der Brust der ›Drahtmutter‹, suchten ansonsten aber die Nähe der ›Stoffmutter‹.« Tiere und Menschen leben eben »nicht vom Brot allein«, wie es bei Matthäus 4,4 heißt. Auch am Anfang des Lebens sind Personen nicht nur durch ein seelenloses Reiz-Reaktionsverhalten bestimmt, wie es ein stark behavioristisch geprägtes Menschbild der 50er- und 60er-Jahre des letzten Jahrhunderts nahelegen mochte. Pontes schreibt weiter: »[...] die damals für viele überraschende Erkenntnis, dass elterliche Zuwendung und Nähe für Kinder wichtig ist, dürfte heute bei vielen nur ein gelangweiltes Achselzucken hervorrufen. Dabei ist es durchaus einen genaueren Blick wert, was die Wissenschaft inzwischen alles über die positiven Wirkungen von Zuwendung herausgefunden hat – und welche Verheerungen ihr Fehlen anzurichten vermag.«[14]

Erschütternd ist, welches Ausmaß der Vernachlässigung Kinder in vielen Waisenhäusern – dabei nicht nur in Rumänien – und anderen lieblosen Institutionen der Verwahrung erleiden mussten. Die Öffentlichkeit hat davon erfahren. Entwicklungspsychologen, Psychiater und Psychotherapeuten informieren darüber, wie beeinträchtigt diese Kinder und Heranwachsenden in ihrer emotionalen und kognitiven Entwicklung sind; das ist die Folge des fehlenden emotionalen Kontakts, der ausbleibenden Kommunikation und der Resonanzlosigkeit. Der Mangel an Zuwendung und an Reizen führt dazu, dass sich die körperliche und geistige Entwicklung verzögert oder sie ganz verkümmert. Es geht, wie Pontes in seinem Artikel schreibt, um »motorische Verlangsamung, Teilnahmslosigkeit, soziale Kontaktstörungen, Wutanfälle, Angstzustände, Aufmerksamkeitsstörungen. All das – plus die Folgen von mangelnder Ernährung und Hygiene – war in verstörend drastischer Weise zu besichtigen, als 1990, nach Ende der Ceausescu-Diktatur, die Zustände in rumänischen Waisenhäusern für die Weltöffentlichkeit sichtbar wurden.«

Die Bindungstheorie

Heute genießt die »Bindungstheorie« des britischen Kinderpsychiaters John Bowlby allgemeine Anerkennung. Sein Buch »Bindung – Eine Analyse der Mutter-Kind-Beziehung« lehrt, wie wichtig die »feinfühlige« Zuwendung der ersten Betreuungspersonen des Kindes, wie bedeutsam die Herstellung vertrauensvoller Nähe und Sicherheit vermittelnden verlässlichen Kontakts ist. All dies ist in langjähriger intensiver und breiter Forschungstätigkeit umfangreich belegt. Und längst ist auch klar, dass die Fähigkeit zu feinfühliger Zuwendung und seelischer Nähe keineswegs allein den Eltern-Kind-Kontakt betrifft, sondern lebenslang bedeutsam bleibt und besondere Aufmerksamkeit im Zusammenleben und in der Verständigung mit kranken, hinfälligen, gebrechlichen oder sterbenden Menschen verdient.[15] Auch das körperliche Befinden, die Krankheitsanfälligkeit, das Schmerzerleben und die Fähigkeit, Ruhe und Entspannung zu erleben, werden stark durch frühe günstige oder ungünstige Beziehungsschicksale beeinflusst.[16]

Die Forschung spricht von »Bindung«, wenn eine Beziehung Sicherheit vermittelt. Dies stützt sich auf Beobachtungen an Kleinkindern, die für das Erlernen von Denken und Fühlen, von Bleiben und Sich-Fortbewegen den ›sicheren Hafen‹ der Mutter und anderer früher Bindungspersonen brauchen. Wenn das Bindungssystem aktiviert ist, bilden sich Bindungsstile heraus, je nachdem wie sicher oder unsicher das Erleben der Bindung ist. Als »innere Arbeitsmodelle« bleiben sie auch im späteren Leben für Krisensituationen verfügbar, auch wenn das Bindungssystem normalerweise nicht aktiviert ist, in einer Art ›Standby-Modus schläft‹.

John Bowlby, der Begründer der Bindungstheorie, sagte über die lebenszeitliche Relevanz von Bindungsverhaltensweisen und -erleben, sie seien »from the cradle to the grave«, von der Wiege bis zur Bahre, bedeutsam.[17] Tatsächlich hat sich die Bindungsforschung vorwiegend dem Aspekt der »cradle« zugewendet und für das Kleinkind-, Kindes- und Jugendalter einen reichen Bestand an Befunden hervorgebracht.[18] Aber es mehren sich auch Arbeiten, die sich dem Aspekt des »grave« zuwenden und die letzte Lebensphase aus bindungstheoretischer Perspektive untersuchen.[19]

Zwar sind Beziehungen in allen Lebensphasen bedeutsam; besonders aber am Anfang und am Ende des Lebens. Bindungsrelevante Beziehungen beginnen mit einem Signal, das einer Bezugsperson das Bedürfnis nach Nähe, Zuwendung oder beispielsweise Trost anzeigen soll, das sogenannte *Bindungssignal.* Auch im Tierreich rufen kleine Lebewesen die Elterntiere durch »distress vocalizations« herbei. Kinder äußern Bindungsbedürfnisse, indem sie durch Klammern, Schreien,

Weinen oder Lächeln die Bezugsperson zu binden versuchen. In späteren Lebensaltern findet Bindungsverhalten einerseits in sprachlich vermittelten Äußerungen, andererseits in Formen nonverbaler Kommunikation seinen Ausdruck, etwa im Blickkontakt, der Modulation der Stimme, der Körpersprache, des Gesichtsausdruckes. Ein wesentliches Merkmal feinfühliger Interaktionen ist, dass die angesprochene Person diese Bindungssignale sowohl auf der verbalen als auch auf der nonverbalen Ebene rezipiert und adäquat beantwortet, das heißt das Signal überhaupt (1) wahrnimmt, das entsprechende Bedürfnis (2) richtig erkennt und darauf (3) prompt und (4) in angemessener Weise reagiert. So kann beispielsweise das Betätigen der Bettglocke durch den kranken Menschen als Bindungssignal verstanden werden.[20]

Personen, die in der frühen Kindheit sicher gebunden waren, entwickeln selbst höhere Beziehungssensibilität, Feinfühligkeit, emotionale Intelligenz, Belastbarkeit in Krisen und bei Herausforderungen. Worauf Pontes im zuvor erwähnten Artikel über die Experimente Harlows zusätzlich Wert legt: »Und noch eine weitere Auswirkung haben positive Bindungserfahrungen. Harlow kam mit den Rhesusäffchen zu folgendem Ergebnis: Waren sie alleine oder mit der Drahtmutter in einer fremden Umgebung, verhielten sie sich ängstlich und passiv. War dagegen die Stoffmutter im Raum, ließen sie ihrer Neugierde ganz unbekümmert freien Lauf. Mary Ainsworth, die Mit-Pionierin der Bindungstheorie, hat dafür den Begriff der ›sicheren Basis‹ geprägt: Wer bei seiner Bezugsperson zuverlässig Halt und Trost findet, dem bietet die Bindung einen guten Ausgangspunkt für Erkundungen auf eigene Faust – die Kinder wagen dann, ihrem Entdeckerdrang nachzugehen, sich auf neue Situationen, Erfahrungen und Menschen einzulassen. Bindungen sind also nicht nur ein überlebensnotwendiges Arrangement in Zeiten der Hilfsbedürftigkeit und emotionales Trostbonbon in schweren Momenten – sie sind auch die entscheidende Grundlage für das Lernen und die Entwicklung hin zu einem eigenständigen, selbstverantwortlichen Leben.«

Von Kindern träumen

Und die Eltern? Menschen, die später einmal Eltern werden? Sie wünschen sich vielleicht ein Kind, stellen sich ihr künftiges Kind vor, träumen von Kindern. Die individuelle Geschichte des Kindes hat ihren Ursprung weit vor seiner Geburt, selbst weit vor seiner Entstehung als lebendes Wesen. Das künftige Kind erscheint zunächst in der träumenden Seele, in der persönlichen Vorstellungswelt, lange bevor eine Frau dann wirklich schwanger wird. Die Schwangere ist eingebunden in eine Welt von Beziehungen. Das »Kind der Phantasie«, wie es in der Psychoanalyse genannt wird, ist auch in der Vorstellung des künftigen Vaters präsent, ebenso nehmen die Großeltern und andere Angehörige am Wünschen, Hoffen und Bangen teil. Die persönlichen Vorstellungen können auch ins Gespräch kommen. Die Schwangere erfährt das Leben des Kindes zunächst als Veränderung und Erweiterung ihrer eigenen Existenz. Der Vater rückt nun in die Position eines Außenstehenden. Es ist dann die werdende Mutter, die ihn an der Entwicklung des Lebens in ihrem Leib teilhaben lässt. Das Kind wird zum eigenständigen Wesen, sobald es über eigene Lebensregungen, ein eigenes Verhaltens- und Ausdrucksrepertoire verfügt – eine Situation, die bereits während der Schwangerschaft eintritt. Die Individualität des Kindes wird nach der

Geburt deutlicher. Sobald das Kind als dritte Person zwischen die Eltern tritt, beginnt eine fortdauernde Abarbeitung der elterlichen bewussten und unbewussten Wünsche und Phantasien in Bezug auf das Kind in Auseinandersetzung mit dem wirklichen Kind.

Eltern betrachten ihre Kinder als beseelte Wesen

Das Kind kommt auf die Welt, wird willkommen geheißen, angeblickt, an den Körper geschmiegt, mit Namen begrüßt, mit Koselauten angesprochen – die Eltern gehen mit dem Säugling als beseeltem Wesen um. Im Blick der Eltern auf den Säugling entsteht aus körperlichem Leben geistiges Leben, wird Leibliches zur Sprache der Seele. Es sind die Eltern, die dem Kind seelisches Leben zuschreiben. Eltern geben ihren Kindern in dieser Zusprache des Seelischen sozusagen Kredit: Sie statten die kindliche Person mit Geist und Seele aus. So sehen sie im Säugling ihresgleichen, behandeln seine Regungen fortwährend als Äußerungen der Verständigkeit. Die Bindungstheorie sagt dazu: Die Eltern *mentalisieren* (»begeistigen«/»beseelen«) das Kind, und das Kind lernt einen mentalisierenden Umgang mit anderen Lebewesen auf der Basis der erfahrenen Bindungssicherheit. Eltern nehmen das Kind nach seinen späteren Möglichkeiten, sind ihm gewissermaßen immer Schritte voraus und bleiben im Umgang mit dem Kind doch auch in dichtem, direktem Kontakt, bereit, auf Zuwendung und Abwendung, Verlangen und Überdruss, Vergnügen und Missbehagen wohlabgestimmt zu antworten.

Der Säugling als die lebendige Existenz, mit der Mutter und Vater, Großmutter und Onkel, Bruder und Neffe in Beziehung treten, zeigt sich dem Blick seines Gegenübers in seiner Zukünftigkeit. Man geht mit dem Kind um als mit einem Versprechen, der Verheißung einer künftig handelnden und denkenden Person. In diesem Sinne gestalten die älteren und erwachsenen Kommunikationspartner die Begegnung mit dem Kind in Vorwegnahme einer Zukunft, in der das Kind dann auf jeder Ebene kompetent kommuniziert. Die Regungen des Verlangens, der körperlichen Empfindungen und Spannungen, die Orientierung und Kontakt suchenden Regungen und Artikulationen des Kindes erhalten im Dialog mit den erwachsenen Bezugspersonen ihren Platz im kommunikativen Zusammenhang. Der Erwachsene übernimmt im Dialog stellvertretend für das Kind dessen Laute und Zeichen oder führt sie weiter.

Mienenspiel und Gestik, Lautlichkeit und Bewegungsrhythmus, Berührung und Handlungsablauf als gemeinsames Tun und Erleben bilden im vielschichtigen Zusammenklang die Wiege des Seelenlebens. Hier wurzelt die Ausdrucks- und Gestaltungsfähigkeit. Sie keimt im kommunikativen Zusammenspiel mit ungleichen Rollenverteilungen. Blick- und Hautkontakt gehören ebenso dazu wie die Regulierung von Bedürfnisspannungen, wie Hunger, Durst, Schlafbedürfnis, Ausscheidungs-, Bewegungsdrang. Wächst das Kind in freundlichen und bekömmlichen Verhältnissen auf, so erfährt es empathisch engagierte Unterstützung, wo immer es nottut. Die Eltern verkehren mit dem Kind nicht als mit einem organischen Funktionsbündel, sondern sie hauchen ihm Seele ein. Damit erweitern und ergänzen sie entlang dem körperlichen Austausch das Bewältigungs- und Gestaltungsrepertoire des Kindes. Wenn sie das Kind füttern, baden, wickeln, dann ereignet sich zugleich zärtliche, spielerische, erregte Kontaktinitiative und die Freude am schmiegsamen Körper und der Anmut des Kindes.

So ist der Säugling den Einwirkungen seiner leiblichen und sozialen Umwelt ausgesetzt und zugleich schützenden und liebenden Begleitern anvertraut. Der Säugling nimmt Kontakt auf mit der belebten und unbelebten Welt und wird zugleich versorgt, geschützt und gefördert. Seine körperliche Kindchen-Gestalt weckt Zärtlichkeit und Pflegeinitiative. Sein aktives Lächeln, das er mit etwa zwei Monaten zeigt, wenn er ihrer ansichtig wird, wird gewöhnlich mit Freude begrüßt und beantwortet und festigt Verbundenheit. Die Eltern stellen sich auf das Neugeborene ein, indem sie es als Person behandeln, als Beziehungspartner mit Rechten, allerdings in Ausnahmestellung. Man billigt ihm erhöhte Aufmerksamkeit und ein Mehr an zärtlicher Betreuung zu, ohne Gegenseitigkeit zu erwarten. Die elterliche Beziehungshaltung dem Kind gegenüber ist auf eingreifende Unterstützung oder unterstützendes Eingreifen sowie begleitende und konturgebende Artikulation des kindlichen Handelns und Erlebens angelegt. Wenn das Kind erschrickt, wenn es staunt, wenn es Anstrengung zeigt, wenn es unter Unlustspannung steht, wenn es jauchzt und gluckst, findet es die bewillkommende, haltgebende Resonanz des tätigen Gegenübers.

Das Kind erhält eine Geschichte

Das Kind ist von Beginn an eine Person mit Geschichte: Denn die Familienmitglieder stellen den Neuankömmling in eine spezifische familien- und individualgeschichtliche Reihe, weisen ihm einen kulturell und individuell vorinterpretierten Ort als national, regional, familiär bestimmtes Geschlechtswesen zu. Das Kind erhält eine Geschichte und wird als denkende und fühlende Person behandelt, die einen Entwicklungsweg vor sich hat. Man macht es zu einem Wesen an einem bestimmten historischen Ort, als Teil einer bestimmten Familie mit ihrer eigenen Geschichte, Tradition und Identität. Ein menschlicher Neuankömmling hat Geschichte, indem man ihn als jüngstes Mitglied einer familiären Gemeinschaft willkommen heißt. Das Kind wächst heran nicht als Individuum-für-sichselbst, sondern als Träger von Zuschreibungen, die den Neuankömmling mit einer Vorgeschichte, einer Beziehungsgeschichte und einer Entwicklungsgeschichte einkleiden und den die Eltern so willkommen heißen.

Die soziale Aktivität der Zuschreibung von Geschichte erscheint als ein fundamentales Ereignis der Menschwerdung des Einzelnen als Sozialwesen. Die alltäglichen und festlichen Riten der Herstellung von Familiarität modulieren stets das gleiche Thema: Die soziale Produktion von Familiarität entspricht der Herstellung eines Ich-in-Beziehung-zum-antwortenden-Gegenüber, eines Ich-als-Teil-eines-Wir, eines Ich, das zwischen Du und Wir und Ihr unterscheidet: Herstellung spezifischer Abgrenzungen sowie Herstellung spezifischer Verbindung innerhalb einer geschichtlich bestimmten, füreinander engagierten, aufeinander orientierten Gemeinschaft. Historisierung gestaltet sich variantenreich als Fest der Bewillkommnung und Aufnahme des Kindes in den sozialen Weltkreis, etwa durch Geburtsanzeige, Namensgebung oder Taufe.

Das Kind nicht annehmen

Mütter oder Väter können sich weigern oder unfähig sein, dem Kind Zugehörigkeit anzubieten und es in Zugehörigkeit hineinzunehmen. Das ist ein elterliches Handeln, das darauf zielt, sich des Kindes zu entledigen. Im Extremfall ist das die

Entfernung des Kindes aus elterlicher Obhut mit Inkaufnahme des Risikos, dass der Säugling nicht überlebt, das Kind zu schwach ist. Es geht nicht um direkte oder indirekte Tötungshandlungen. Es geht um etwas, das man »Aussetzung des Kindes« nennen könnte, etwas, das sich ereignet, wenn Eltern nicht in der Lage sind, den Nachwuchs als zugehörig anzunehmen, als zugehörig zur Familie, zum Lebensort, zur eigenen Geschichte. Man nimmt in Kauf, dass das Kind zugrunde geht; nicht, weil Eltern es in erster Linie vernichten wollen, sondern weil sie nicht in der Lage sind, sich für das Wohl des Kindes zu engagieren, eben ganz anders als Eltern, die Kindern das Angebot einer sicheren Bindung machen und mit Leib und Seele dabei sind. Aussetzung ist enger verwandt mit Vernachlässigung als mit Kindesmord. Aussetzung will nicht das Kind am Weiterleben hindern, sondern Eltern fühlen sich dem Kind nicht seelisch verbunden, sie sind ihm aber innerlich fern. Während die Tötung des Kindes als Versuch einer Trennung zu werten ist, setzt eine Aussetzung gerade die Trennung voraus. Oder, um es genauer zu formulieren: Aussetzung ist das Ergebnis niemals hergestellter Knüpfung der symbolischen Nabelschnur. Aussetzung bedeutet radikales Nicht-Annehmen – wie im Reich der brutpflegenden Säugetiere vorgebildet – und hat die radikale Verkümmerung des Kindes zur Konsequenz. Elterliches Sich-Kümmern erscheint in dieser Perspektive als seelische Resonanz auf das Kind, resonant im Sinne eines sensiblen und fein differenzierten Engagements, das das Gedeihen des Kindes will, sich am Gedeihen des Kindes bemisst.

Wir wollen weniger offensichtliche Fälle betrachten. Wenn »Aussetzung« die Nicht-Beziehung zum Nachwuchs ist, als zu einem geschichtslosen Fremdling ohne Anspruch auf Interesse, so öffnet sich der Blick für fast alltägliche Phänomene in der Eltern-Kind-Beziehung, in freilich viel feineren und abgestufteren Varianten. Die bewusste – oft nur flüchtige und vorübergehende – Regung, das Kind nicht als sein eigen Fleisch und Blut anzunehmen, gehört zum Alltag der Elternschaft. Sie artikuliert sich in Wendungen wie: Es ist wie ein Fremdkörper (etwa bei einer Schwangeren); ich schaue es an (das Neugeborene), finde es fremd, bin ganz ratlos; das soll mein Kind sein?; das Kind ist so seltsam, ich verstehe es nicht, was habe ich mit ihm zu tun? Gewöhnlich sind diese Regungen flüchtig, situationsbedingt, rasch vorübergehend; sie werden meist als sehr unangenehm erlebt, denn woran läge Eltern mehr als am herzlichen Einvernehmen mit und auch an der ungeteilten Hinwendung zu dem Kind?

Weniger flüchtig ist die innere Aussetzungsregung – die sich auch hier nicht als äußere Entledigungshandlung manifestiert – bei depressiven mütterlichen Reaktionen nach der Geburt des Kindes: Die freudige Annäherung an das Kind bleibt aus, das sonst so engagierte, entzückte, allmähliche Kennenlernen findet nicht statt. Zwischen Kind und primärer Bezugsperson bleibt eine Kluft der Kontaktlosigkeit. Wir sahen das eindrucksvoll am Experiment mit dem unbewegten Gesicht. Ein Dialog des Seelischen bleibt aus. Eine Grenze der Unzugänglichkeit ist errichtet.

Unzugänglichkeit

Aussetzung – das klingt erschreckend. Weniger erschreckend klingt Unzugänglichkeit. Kinder machen sich manchmal unzugänglich, auch Säuglinge, wenn sie sich für einen Moment – vielleicht aus Müdigkeit oder Überdruss – einem

Kontaktangebot entziehen. Eine für Eltern kaum zu verkraftende Form der Unzugänglichkeit sind pathologische Ausprägungen, etwa bei autistischen Kindern. Umgekehrt – wir sprachen davon – ist für Kinder die depressive Versteinerung einer Mutter kaum zu ertragen. Es wird sich dann mutterseelenallein fühlen, aber vielleicht nicht einmal weinen, es wird ja ohnehin nicht gehört. Aber es muss nicht gleich eine psychische Erkrankung oder kalte Indifferenz sein, die Eltern manchmal für kindliche Seelenregungen unzugänglich machen. Meist ist es nichts Spektakuläres. Alltägliche Aussetzungsreaktionen sind vielmehr all jene, bei denen ein Verhalten, eine Reaktion, ein anderer Aspekt des Kindes nicht beachtet wird. Es handelt sich hier um Inseln des kindlichen Lebens, die keinen Eingang in jenes persönliche Geschichtsbuch finden, das in der Familie nach und nach entsteht, in Fotoalben und im Erzählen über das Kind, auch im gemeinsamen Erzählen mit dem Kind.

Ein extremes Maß an elterlicher Bereitschaft, den Lebensregungen des Kindes genau und fortwährend auf der Spur zu bleiben, hätte den Charakter einer Verfolgung, es bliebe kein freier Spielraum, das Kind wäre in einem Korsett von Zuschreibungen gefangen. Zum Selbstständigwerden des Kindes wie später des Jugendlichen gehören der spielerische Umgang mit den erfahrenen Zuschreibungen, deren Anverwandlung wie deren Verfremdung, deren Ersetzung und Verwerfung, die Herstellung eigener Geschichten sowie die verschiedensten Formen spielerischer oder leidenschaftlich engagierter Formen des Sich-selbst-fremd-Machens, der Verweigerung von Zugehörigkeit zur Familie. Das Zusammenspiel des Seelischen, wechselseitige Resonanz, ein gemeinsamer Raum unmittelbarer Zugänglichkeit sind für das Gedeihen des Kindes lebensnotwendig. Aber im Verlauf der Entwicklung ist die Grenze – die Abgrenzung, der Umgang mit Unzugänglichkeit – ebenfalls lebensnotwendig.

Dem Kind etwas zutrauen

Es war bereits die Rede davon, dass Eltern dem Kind seelisches Leben zusprechen, dass sie ihm Fähigkeiten und Möglichkeiten zusprechen und dass diese Vorwegnahme eines Zukünftigen eine Schlüsselrolle bei der Personwerdung des Kindes spielt. Die Lebensregungen des Kindes – im Mutterleib, als Neugeborenes, als Kleinkind, sogar auch im späteren Entwicklungsalter – werden mit einer Entwicklungsaussicht verknüpft, sie gelten den Erwachsenen als positives Anzeichen für eine weitere Entfaltung in der Zukunft. Was das Kind jetzt tut, das gilt den Angehörigen als Versprechen zukünftiger Fähigkeiten, die sich einstweilen nur ahnen lassen. Die Zuschreibungshandlungen der Kreditierung stellen eine Selbstverständlichkeit des Alltags im Umgang zwischen Erwachsenen in Elternfunktion und Kindern dar und sind bekanntlich nicht allein auf die Eltern-Kind-Beziehung beschränkt. Kreditierung ist als Etablierung einer Hoffnungsperspektive in der Kommunikation generell wirksam, Grundlage sowohl ermutigten Lernens, Ausprobierens und Durchhaltens trotz Rückschlags als auch der Illusionsbildung. Die christliche Kultur hat das Bild vom Kind als Verheißung ausgeformt und großen Einfluss auf die weltliche Kultur ausgeübt. Das Prinzip elterlicher Kreditierung versteht das Kind als Werdendes.

Kredit geben – das ist die Vermittlung seelischer Stärke. Dazu gehört, wenn es um Kinder geht, die Zuversicht des Erwachsenen, für das kindliche Potenzial seelisch offen zu sein. Das Kind lallt, das Gesicht mit freudigem Ausdruck der Mutter zugewendet, die mütterliche Zuhörerin ruft entzückt: O, du sagst ja schon Mama! Die Mutter begrüßt freudig, was das Kind schon kann, und sie traut ihm zu, dass es sich sprachlich weiterentwickelt. Die Mutter hört die noch wenig artikulierten Äußerungen des Kindes in Bezug auf ein Künftiges – ein Künftiges, das auch ihr selbst viel bedeutet. »Mein Kind sagt die ersten Worte. Es lernt sprechen. Eine wunderbare Aussicht!« Sie nimmt die Lebensäußerung zuversichtlich auf, in der Bereitschaft, dem Kind Kompetenz und Vermögen zuzusprechen und es aktiv zu fördern. Dies ist im Alltag leicht zu beobachten. Die entzückte Mutter, die sich vom Kind mit dem Namen Mama angesprochen weiß, beginnt sogleich ein Spiel: das Wort selbst in artikulierter Betonung wiederholend, in melodischem Singsang, etc. Die Mutter greift die vielleicht zufälligen kindlichen Lautäußerungen auf, führt sie weiter, baut sie aus, ist dabei mit dem Kind in engem körperlichem Kontakt.

Die Fähigkeiten des Kindes ignorieren

Diese Spiele bleiben aus, wenn das Kind als Fremdes erlebt wird. Dann gibt es keine Zukunftsperspektive. Die versorgenden oder beaufsichtigenden Personen ignorieren die Möglichkeiten des Kindes; sie tun das, wenn sie keine engagierte Verbindung zum Kind unterhalten. Die engagierte Verbindung zum Kind knüpft sich zwar nicht an reale Elternschaft, aber es bedarf einer individuellen und um die Zukunft des Kindes besorgten Beziehung. Unter institutionellen Bedingungen ist eine derartige Beziehung kaum wahrscheinlich; und dies ist durchaus keine Frage schuldhaften Vergehens oder persönlichen Desinteresses der Betreuungsperson am Kind. Ausbleibende oder verminderte Historisierung sowie ausbleibende oder verminderte Kreditierung bedeuten eine primäre Ausgrenzung des Kindes aus der Kommunikationsgemeinschaft. Das Kind ist dann nicht in eine familiäre Gruppierung eingebettet. Seine Existenz ist prekär, randständig, unintegriert.

Das Kind in der geschichtlichen Reihe auf der einen Seite, das namenlos Nicht-Zugehörige auf der anderen; das Kind, dessen Lebensregungen als Verheißungen begrüßt werden einerseits, dasjenige, dem kein liebevoll zukunfts- und hoffnungsbeflügelter Blick gilt, andererseits: Hier werden auf elementare Weise Entwicklungslinien vorgezeichnet, wird die Grundlage dafür geschaffen, ob ein Kind im Prozess der Reifung von einer Basis der Zugehörigkeit ausgehen kann, ob es sich als Individuum an einem geschichtlichen Ort verstehen wird, als Person, die Resonanz und Antwort beim Gegenüber hervorruft, oder als marginale Existenz in einer unwirtlichen Welt, die undurchdringlich bleibt und sich verschließt.

Seele entsteht als humane Tatsache

Das Kind ist existenziell angewiesen auf einfühlende, kommentierende, Bedeutung gebende Begleitung durch sprachmächtige, sozialisierte Bezugspersonen. Die kindliche Zuwendung zu einer freundlich engagierten Welt öffnet sich im Kontakt mit elterlichen Instanzen. Unter günstigen Bedingungen stellen Betreuende sich auf die leiblichen und mentalen Lebensäußerungen des Kindes ein, regulieren Spannung, widmen sich hingebend der Lust, der Pflege, der Sicherheit des Kindes. So erfährt der Säugling von Beginn an Resonanz; die Eltern begegnen der kindlichen Expressivität körperlich, gestisch, mimisch und mit einer Sprache zärtlicher elterlicher Zuwendung. Die elterlichen Kommunikationsangebote lassen manches aus der umgebenden Welt zur belebten, beseelten und zugewandten Figur werden. »Schau, der Teddy, der will zu dir.« Oder man greife zurück auf bekannte und tradierte Schlaflieder wie beispielsweise:

> Abend wird es wieder, / Über Wald und Feld / Säuselt Frieden nieder / Und es ruht die Welt. / Nur der Bach ergießet / Sich am Felsen dort, / Und er braust und fließet /
> Immer, immer fort.

Verspielt märchenhaft ist dieses Lied von Paula Dehmel:

> Leise, Peterle, leise! / Der Mond geht auf die Reise. /
> Er hat sein weißes Pferd gesäumt. / Das geht so still, als ob es träumt. / Leise, Peterle, leise! / Stille, Peterle, stille, / der Mond hat eine Brille. /
> Ein graues Wölkchen schob sich vor, / das sitzt ihm grad auf Nas und Ohr. / Stille, Peterle, stille!

Es handelt sich nicht um Abgelegtes aus der Mottenkiste, sondern um Angebote für häusliches Singen und Musizieren aus dem Internet (www.kinder-themen.net/Musik/Schlaflieder-Texte). Die Spielzeug- und Kinderwarenindustrie, auch die Kinderliteratur folgt dem gleichen Prinzip. Kopfkissen haben Gesichter, die Gummiente schwimmt lächelnd im Badewasser, auf dem Teller scheint die Sonne. Das Kind erwirbt ein primäres Selbst- und Weltverhältnis im beseelten, personifizierten Welttheater. Freundliche Eltern bieten dem menschlichen Neuankömmling eine charmante Wonnewelt, das Kind soll seine Umgebung als eine Welt erfahren, die – ganz anders als die des »arm Kind« von Büchner – wohltut und sich auf das Wohlbefinden des Kindes ausrichtet. Die ersten Erfahrungen mit der Welt sollen bekömmlich sein und gute Erwartungen vermitteln – eben die Erwartung freundlicher Zuwendung. Es gibt nicht nur gute Nahrung, sondern auch zärtlichen Körperkontakt, nicht nur Pflege, sondern auch Spiel und Dialog.

Auch gibt es das Staunen – eine Haltung seelischer Öffnung. Um diese Bewegung genauer zu fassen, kommen wir zunächst auf das Gefühl der Überraschung zu sprechen. Überraschung zählt nach den Befunden der Emotionsforschung zu den sogenannten Basisemotionen, der Ausdruck der Überraschung ist in allen Kulturen ab dem fünften Lebensmonat auf dem Gesicht des Kindes zu erkennen.[21] Überraschung ist eine Regung, die man zeigt, wenn man unversehens mit einer Erscheinung konfrontiert ist, die man nicht gleich einordnen kann, mit der man nicht gerechnet hat, die momentan die eigene Fassungskraft übersteigt und der man sich unmittelbar zuwendet. Man ist von der Erscheinung erfasst. Sie wird in der Erfahrung des Staunens jenseits aller Zweckbezogenheit bedeutsam. Mit Staunen ist die Fähigkeit gemeint, offen zu sein und Dinge auf sich wirken zu lassen. Das ist Empfänglichkeit vor aller Erfassung durch Sprache und Begriff und vor der Einordnung in Funktion, Zweck und Nutzen. Etwas zeigt sich, könnte man sagen, aber erklärt sich nicht. Goethe hat einmal sozusagen das Gegenteil in Verse gesetzt:

> Sah ein Knab ein Röslein stehen / Röslein auf der Heiden / War so jung und morgenschön / Knabe eilt, es nah zu sehn …

Hätte er es nur beim Anschauen und Anstaunen belassen. Aber nein. Er bricht die Rose. Was wir bestaunen oder anstaunen, dem nähern wir uns als Schauende – oder als Hörende, Tastende usw. –, nicht aber in der Haltung der Bemächtigung. Die Fähigkeit zu staunen erlaubt einem, den Erscheinungen des Lebens in einer Haltung elementarer Selbstentmächtigung zu begegnen.

Staunen und Anstaunen – das ist gerade in den Anfängen des Lebens durchaus keine einsame Erfahrung. Interessant ist der Dialog des Zeigens. Auf ein Drittes gerichtete Dialoge – gemeinsame Aufmerksamkeit, »joint attention«[22] zwischen dem Kind und dem Erwachsenen – ereignen sich im Alltag häufig nach folgendem Muster:

Kind (auf dem Schoß des Erwachsenen, mit ausgestrecktem Arm): »Da!«
Erwachsener: »Jaaah! Oh, wie schööön! Ein Ball!«
Kind: »Ball!«
Erwachsener: »Der ist so schön rot!«
Kind (entzückt): »Ball!«
Erwachsener (den Ball auf dem Tisch sanft in Richtung des Kindes rollen lassend): »Daaa – schau mal! Da kommt er zu dir!«

Der Erwachsene und das Kind richten gemeinsam den Blick auf einen Gegenstand des Interesses; der Erwachsene stellt sich sprechend und handelnd in den Dienst kindlicher Weltaneignung und Weltgestaltung. Am Anfang begleiteter Welterkundung gehen Zeigen, Benennen und Begrüßen oder Bewillkommnen Hand in Hand. Die Erkundung der Dinge und Lebewesen ist am Anfang ein Fest der Begrüßung, ein Spiel der Drei: 1. Kind, 2. staunenswerte Sache, 3. festlicher Vermittler. Es ist auch ein ästhetisches Spiel, der Gegenstand wird im gemeinsamen Schauen und Staunen als »schön« gewürdigt, in seinem Zauber, seinem Glanz zur Darstellung gebracht, nicht zum Gebrauch vorgeführt.

Kleine Kinder kann man am naiven Staunen kaum hindern. Für Jugendliche und Erwachsene kann der nüchterne Sach- oder Handlungsbezug stark in den Vordergrund treten. Aber jederzeit kann man sich zum Staunen anregen und einladen lassen. Man muss nicht gleich ein Achtsamkeitstraining machen. Man kann zum Beispiel ein Kunstereignis auf sich wirken lassen. Mit unvoreingenommener Offenheit blickt, wer das Schauen liebt, auch auf das Kunstwerk. Ebenso geht es mit dem hingegebenen Hören von Musik und Sprache, auch dem Tasten und Schmecken. Staunen fördert Offenheit für Erfahrung, erweitert den Horizont, begünstigt die Fähigkeit zu angemessener Selbstzurücknahme und hilft gegen Ressentiments. Erscheinungen des Lebens, gerade auch Dinge des einfachen, scheinbar unauffälligen täglichen Lebens, werden als bedeutend und eindrucksvoll erfahren, nicht als entfärbt und matt oder leer. Staunen ist eine belebende und zugleich innere Sammlung vermittelnde Seelenbewegung, die erfüllend, aber nicht anstrengend ist.

Vertrauen

Hans, drei Jahre alt, steht ängstlich vor dem großen Hund und schaut fragend zur Mutter. »Der ist lieb«, sagt die Mutter. Sie nimmt den Jungen bei der Hand, führt ihn sachte näher zu Beppo, dem Hund, tätschelt Beppos Rücken, sagt: »Lieber Hund« und »Schau mal, Hans, der Beppo will dich kennenlernen«. Auch Hans streckt jetzt die Hand aus und streichelt vorsichtig Beppo. Dann schaut er zur Mutter und lächelt. Das ist eine Szene, in der die Mutter als vertraute erwachsene

Person ihr Kind ermutigt, etwas vielleicht Riskantes zu tun. Sie führt ihrem Sohn ein Modell freundlichen Körperkontakts vor, und Hans folgt ihrem Beispiel. Ganz selbstverständlich stellt die Mutter das Tier mit Namen vor und stattet es mit dem menschlichen Zug aus, jemanden kennenlernen zu wollen. Das klappt alles bestens, wenn das Kind der Mutter glaubt, ihrem Vorbild folgt und der Hund friedlich ist. Die Mutter ist Vertrauensarrangeurin, sie bringt das Geschehen – das keiner der Beteiligten in der Hand hat – als harmlos, friedlich und erfreulich in Gang, das Kind macht mit, der Hund auch.

Franz, ein kleiner Säugling, wird gebadet. Er ist entkleidet, etwas unruhig, die Mutter setzt ihn langsam in die Wanne. Sie hat warme Hände, prüft das Wasser, redet beruhigend mit Franz, kündigt aber auch an, dass er gleich etwas ganz Schönes erlebt. Langsam setzt sie ihn, der etwas bedenklich dreinschaut und strampelt, ins warme Wasser, hält Kopf und Rücken, bewegt ihn aber auch sacht, lässt das Wasser plätschern und reibt den Franz mit dem Schwamm, gluckst und lacht mit dem Kind. Auch das ist Vertrauen schaffende Risikokonfrontation im Eltern-Kind-Kontakt. Der Säugling ist ganz und gar in den Händen anderer und deren Regieführung überlassen. Man mutet ihm etwas zu, das beim Kind möglicherweise Angst oder Unbehagen auslöst. Doch in elterlicher Regie kommt es zu einer Situation des Behagens und Vergnügens. Schön sollst du es haben, sicher sollst du dich fühlen, und ich sorge dafür, vermittelt die Mutter oder der Vater dem Kind. Auch im genannten Beispiel handelt die Mutter als Vertrauensperson, sie gestaltet das Geschehen, das keiner der Beteiligten in der Hand hat, als harmlos, friedlich und erfreulich, das Kind vertraut sich an, das Weltgeschehen – kaltes Wasser, Mutter lässt das Kind fallen usw. – macht sich nicht störend bemerkbar.

Wer in Menschen und Verhältnisse Vertrauen setzt, der hat es zunächst einmal nötig. Der Vertrauende befindet sich in einer Situation der Unsicherheit. Wer zum Vertrauen bereit ist, hat schon als Kind immer wieder die Erfahrug gemacht, sich anlehnen zu können, weil es Betreuungspersonen gab, die dem Kind einfühlsam halfen, Situationen zu meistern, die es in Spannung, Aufregung, Angst oder Unbehagen versetzten.

Der Ursprung des Vertrauens liegt in der Frühzeit der Eltern-Kind-Beziehungen. Den Eltern geht es um Überlebenssicherung, Wohlbefinden und seelisches Gedeihen des Kindes. Das Kind ist auf die Sicherheit angewiesen, die seine Eltern ihm spenden. Dass neben leiblichen Eltern oder anstatt ihrer auch Verwandte, Nachbarn, Professionelle Dienst am Kind tun, sei hier ausdrücklich erwähnt. Der Aktions-, Verfügungs- und Selbstbestimmungsradius erweitert sich zwar im Lauf des Lebens, doch hoffen auch die Erwachsenen, auf Zuwendung, Wohlwollen und Unterstützung vertrauen zu können, wenn sie in Not sind oder ein Anliegen auf dem Spiel steht.

Wenn Säuglinge und Kleinkinder im ersten Lebensjahr elterliche Zuwendung genossen haben, wenn Eltern also das körperliche Gedeihen wie auch Komfort und Lustgewinn, wohl abgestimmt auf die kindliche Spannungs-, Unlust- und Erregungstoleranz, befördert haben, dann neigen die Kinder zu positiver Übertragung auf erwachsene Bezugspersonen. Sie übertragen das Bild der primären Versorger und Lustspender unbewusst auf spätere Figuren, die Elterlichkeit repräsentieren, und erwarten von diesen Substituten ähnliche Formen der Zuwendung, wie die frühe Kindheitsgeschichte sie geboten hatte.

Urvertrauen als bekömmliches Selbst- und Weltverhältnis bei Erikson

Das kindliche Selbst- und Weltverhältnis ist von Beginn an bestimmt durch Kontakt, Kommunikation, Interesse an den pflegenden, schützenden, spielfreudigen Interaktionspartnern. Der Psychoanalytiker Erik H. Erikson sieht die Beziehung zum elterlichen, insbesondere mütterlichen Objekt als zentral im ersten Lebensjahr. Urvertrauen als bekömmliches Selbst- und Weltverhältnis ist im Verständnis Eriksons eine Schutzimpfung, eine elementare Ressource mit hohem Haltbarkeitsdatum. Urvertrauen ist eine kindliche Einstellung, die vor der Sprachentwicklung des Kindes statthat. Sie nährt sich aus der Erwartung elterlicher Zuwendung, gerade bei körperlichen und psychischen Krisen. Erikson stellt das Konzept »basic trust« in seinem Buch »Childhood and society« (1950) vor, die deutsche Übersetzung »Kindheit und Gesellschaft« (1957) führt die Wortprägung »Urvertrauen« ein.

Nach Erikson erwirbt das kleine Kind im ersten Jahr seines Lebens eine elementare Haltung naiver Zutraulichkeit; es geht vom freundlichen Engagement der Pflegepersonen für die eigenen Anliegen aus, erwartet und findet Aufmerksamkeit, fühlt sich wohl im Heimatmilieu, erkundet das Neue mit der Erwartung anregender neuer Erfahrungen und Herausforderungen; es ist interessiert und in angemessener Weise risikobereit. Das sorglose Wohlbefinden und die freie Bewegung im Heimatmilieu begünstigen in Eriksons Stufenmodell der psychosozialen Entwicklung die weiteren Herausforderungen, was Selbstregulierung, Lernen und Arbeit sowie Beziehungskompetenz angeht.

Die entscheidende Phase für die Entstehung von Urvertrauen sieht Erikson in seinem Acht-Phasen-Modell des

»Lebenszyklus« in der ersten verletzlichen Zeit des Säuglings. Falls die Eltern ein anregungsreiches Milieu des Nährens, Bergens und Pflegens schaffen, entsteht die Haltung des Urvertrauens. Anders ausgedrückt: Die Kinder nähern sich Personen und Dingen in der Haltung naiver Zutraulichkeit. Heranwachsende profitieren in der Sicht Eriksons vom guten ersten Lebensjahr; es kommt zum unbeschwerten, kindlichen Spiel, zur Zuversicht in die eigenen Möglichkeiten in Pubertät und Adoleszenz, zur erfüllenden Intimität, zur generativen Verantwortlichkeit des Erwachsenen und womöglich zur heiteren Lebenslust im Alter. Ist die erste Lebenszeit jedoch durch Milieus der Misere und Gefahr, prekäre Elterlichkeit, Vernachlässigung oder Misshandlung geprägt, so entstehen Urmisstrauen und ein Lebensgefühl der Unheilserwartung. Die Person ist mit sich und der Welt zerfallen, mag zynische Tendenzen entwickeln, neigt zu Dysphorie, Depression, hat eine hohe Anfälligkeit für psychische Störungen, entwickelt Antriebsarmut, fehlende Zuversicht, Kontaktarmut.

Die Erfahrung von Zuverlässigkeit in der Kindheit hat weitreichende Folgen für die psychische Entwicklung – so lautet auch die Grundannahme der Bindungstheorie des britischen Psychiaters John Bowlby: Eine sichere Bindung zwischen Kleinkind und primärer Bezugsperson ist Voraussetzung für offenen Weltkontakt und vertrauensvolle Beziehungen. Das Urvertrauen Eriksons wird bei Bowlby zur sicheren Bindung. Bindung ist etwas Elementares: Das Kind schließt sich der Mutter an, ist im Dienst des Überlebens ganz auf die Mutter orientiert. Das Bindungsverhalten des Kindes löst beim Erwachsenen fürsorglich schützende Zuwendung aus, es entwickelt sich im Verlauf des ersten und erreicht seinen Höhepunkt während des zweiten Lebensjahres.

Damit ein Kind überhaupt zur Ausbildung des Bindungsverhaltens in der Lage ist, müssen seine sensorischen Fähigkeiten genügend ausgreift sein und sein Verhaltensrepertoire hinreichend differenziert sein. Zudem muss es im ersten Lebensjahr in engem Kontakt zur primären Bezugsperson stehen. Erlebt das kleine Kind sich als sicher, dann erkundet es seine Umgebung, mit gelegentlichen Blicken der Rückversicherung zu vertrauten Personen. Ist das Kind hingegen in einer Situation, in der es sich unwohl fühlt, sucht es Nähe zur Bindungsperson. Die ersten Erfahrungen des Kindes sind Grundlage für die Art und Weise, ob und wie Kinder und Erwachsene später zu anderen Menschen vertrauensvolle Beziehungen aufnehmen, um Unterstützung zu finden und neue Kontakte zu knüpfen, neue Erfahrungen zu machen.

Für Vertrauen sorgen

Was als Urvertrauen beschrieben wurde, das vermittelt den Eindruck, es sei das Kind, das seinen Pflegepersonen eine Einstellung des Vertrauens entgegenbringe; es sei das Kind, das sich arglos und zuversichtlich den mütterlichen Armen überlasse; es sei das Kind, das mit der Zuwendung zur Pflegeperson den vertrauenswürdigen Partner wähle. Es entsteht der Eindruck, das Kind sei den geliebten Eltern von Anfang an vertrauensvoll zugetan. Es ist aber umgekehrt. Es sind die Eltern, die sich des Kindes liebevoll annehmen. Es sind die Eltern, die sich – angesichts des »Kindchenschemas«, dem Charme und der Anmut des runden Gesichts, der großen Augen, des rosigen Körpers – dem kindlichen Wohlbefinden widmen; es sind die Eltern, die sich als Akteure des *Vertrauens* geltend machen. Und schließlich: Es ist der elterliche Blick, der dem Kind primäre Liebe *zutraut.*

Eltern engagieren sich als Modelle der Vertrauenswürdigkeit. Sie stellen sich in den Dienst der kindlichen Anliegen – beispielsweise seiner Bedürfnis- und Spannungsregulierung, seines Komforts, seiner Gemütsregungen, seines Kontaktverlangens –, ihr Engagement ist auf die Situation des Kindes verlässlich ausgerichtet. Die elterlichen Ressourcen kommen dem Kind zugute. Das Kind wimmert, es kommt mütterlicher Trost. Das Kind schreit kläglich, der Vater nimmt es auf und wiegt es im Arm, bis es sich wohlig entspannt. Die Mutter singt leise ein Abendlied am Bett des Kindes und gibt ihm einen Gutenachtkuss. »Schlaf gut, mein Kleines« – eine Alltagsform des Abendsegens, das Kind schläft ein, die mütterliche Stimme im Ohr, gleichsam Geburtsstunde des Schutzengels. Oder zurück zum Hund des kleinen Hans: Das Kind schaut ängstlich auf den Hund, der ins Zimmer kommt. Die Mutter zeigt ihm, wie freundlich der Hund ist, streichelt ihn und äußert im Singsang: »Lieber Hund, guter Hund, schau mal, da ist der kleine Hans, der will dich kennenlernen.«

All dies sind Angebote primärer elterlicher Vertrauenswürdigkeit. Eltern engagieren sich für ein kindliches Anliegen, handeln im Interesse des Kindes und sind dabei verlässliche Akteure, soweit es in ihrer Macht steht. Die elterliche Praxis vertrauenswürdigen Handelns ist primär. Ein Anspruch des Kindes, einer Person vertrauen zu können, kommt wesentlich später – ein solcher Anspruch basiert auf der vorgängigen elterlichen Praxis. Anders formuliert: Die Vorstellung des Vertrauens hat zunächst nur aus elterlicher Perspektive Sinn. Elterliche Vertrauenswürdigkeit schafft im Verlauf der frühen Beziehungsschicksale die Zuversicht des Kindes, vertrauen zu können. Will man der suggestiven Wortprägung »Urvertrauen« in der Aktualität des relationalen Denkens in der

Psychoanalyse Sinn geben, so ist es elterlicher Kredit für die kindliche Haltung argloser Zutraulichkeit.

Vertrauen – eine riskante Sache

Das Kind wächst heran und erfährt, dass es die Chance hat, andere für die eigenen Anliegen zu engagieren, Personen, die ihre Fähigkeiten und Möglichkeiten in den Dienst des Vertrauenden stellen sollen. Warum aber sollte B sich für A's Anliegen in Dienst nehmen lassen? Man rechnet zwar damit, dass Eltern sich in den Dienst des Kindeswohls stellen, aber sonst mag der Spruch gelten: »Vertrauen ist gut, Kontrolle ist besser«. Vertrauen ist, mit dem Soziologen Niklas Luhmann gesprochen, eine riskante Vorleistung. Vertrauen als riskante Vorleistung wird »als Vorschuss auf den Erfolg im Voraus auf Zeit und auf Widerruf gewährt.«[23] Und Luhmann schreibt außerdem: »In der Familie findet das erste Vertrauen seine erste Bewährung.«[24]

Wenn A seinem Freund B vertraut und mit dessen Loyalität rechnet, bleibt es eine riskante Vorleistung. Denn A erwartet von B, dass dieser sich für A's Anliegen einsetzt. Wer einer Person vertraut, dem liegt daran, dass diese Person nicht nur pflichtgemäß, sondern aus Neigung bei der Sache ist. Sie soll das Vertrauen, das A ihr schenkt, freudig annehmen, weil A ihr kostbar ist. Wenn die Eltern die arglose Zutraulichkeit des Kindes mit Engagement für sein Wohlbefinden beantworten, dann zeigen sie ihm, dass seine Anliegen ihnen kostbar sind, dass sie sich diese etwas kosten lassen. Auch Unternehmen und Geldinstitute werben um Kundenvertrauen mit der Botschaft, dass A, der Kunde, ihnen kostbar ist. »Natur pur für Ihren Frühstückstisch« – »Frischzellen für Ihren unbeschwerten Lebensabend« – »Seien Sie Bauherr, wir sorgen fürs Geld«. So durchsichtig das Manöver, so interessant doch die Versicherung, es gehe um das persönliche Wohl der Adressaten. Denn Vertrauen schenkt nur, wer Wohlwollen für die eigenen Anliegen erwartet. Das heißt: Das Geschenk des Vertrauens mag eine Ehre sein, es kann aber zur einengenden Forderung werden. Vertrauenswürdigkeit ist eine hohe Tugend, umso mehr, als sie leicht erschlichen werden kann, vor allem durch Vortäuschung von Wohlwollen für die Anliegen, Motive, Sehnsüchte und Begehrlichkeiten der zu gewinnenden Person oder Gruppe.

Man schenkt einem anderen Vertrauen, weil man erwartet, dass dieser andere seine Macht und seinen Einfluss, seine Kraft und Intelligenz zu den eigenen Gunsten einsetzt. Diese Erwartung gründet in der Frühzeit der kindlichen Hilflosigkeit und ihrem Angewiesensein auf Betreuungspersonen, die dem eigenen Wohl dienten. Dienst am Nächsten bleibt ein zentraler moralischer Imperativ, der im Prozess der moralischen Entwicklung sowohl Geben als auch Nehmen, das heißt Gegenseitigkeit verlangt. Ein Mensch, der von einer Autorität, einem Hoffnungsträger, einer göttlichen Instanz erwartet, dass diese ihre Macht und ihren Einfluss zu seinen Gunsten einsetzt, ist bekanntlich bei nicht erfüllter Erwartung im Autoritätsvertrauen erschüttert. Personen, die nicht im Gottvertrauen, sondern im Weltvertrauen leben und von einer Bedrohung, Krise oder Katastrophe betroffen sind, kennen derartige Erschütterungen auch. Sie drücken sich nicht als Hader mit Gott, sondern als Hader mit dem Schicksal aus. Im Vorwurf an eine feindliche Welt, einen unzugänglichen Gott wird der an jene gestellte Anspruch deutlich, das persönliche Bezugssystem zu beachten.

Enttäuschung, fehlende Zuversicht, fehlendes Selbstvertrauen

Aber gerade das erschütterte Vertrauen ist auch eine Chance. Die Grenze des Vertrauens, die hier erfahren wird, die Enttäuschung, mit der man sich konfrontiert sieht, kann dazu führen, dass man nicht nur seelische Belastung erfährt, sondern auch seelische Weiterentwicklung.

Ein Beispiel: Man freute sich auf das Kommen der Geliebten und erwartete, dass sie ungeteilte Zuneigung mitbringt. Nun kommt sie gar nicht und kündigt die Verbindung auf. Das bedeutet die tief enttäuschende Konfrontation mit Nicht-Erfüllung des sehnlich Gewünschten. Unbewusst mag die Situation an die Enttäuschung durch eine geliebte Mutterfigur erinnern, der man einst nicht genügt und die den überlegenen Mann vorgezogen hat. Ist man heute ein Mann, der nicht genügt? Gibt es für die Geliebte längst einen anderen, den sie vorzieht und den man niemals wird aus dem Feld schlagen können?

Das Beispiel, ein wenig variiert: Man freute sich auf das Kommen der Geliebten. Nun ist sie da. Aber sie entspricht nicht dem leuchtenden Bild, das der sehnsüchtig Wartende im Gedächtnis trug. Blass wirkt sie, unscheinbar. Und als beide im Café einander gegenübersitzen, sind beide angespannt und verlegen. Der Zauber ist verflogen. Das Bild war zu schön. Die Wunscherfüllung in der Phantasie ist eine Verklärungsleistung. Wer Durst hat und sich ein kühles Bier vorstellt, sieht es viel zu schön. Geht es dann darum, das Reale zu begrüßen und willkommen zu heißen, dann braucht es Kreativität und Beziehungsbereitschaft, um dem Wirklichen eine Chance zu geben.

Noch eine Variante: Man freute sich auf eine Tanzveranstaltung mit einer charmanten Tänzerin. Nun kommt man zum verabredeten Termin in den Saal, aber sie ist nicht da. Doch eine ihrer Freundinnen tritt heran und sagt: Es tut ihr leid; sie ist krank geworden; kann ich heute deine Tänzerin sein? Es ist verdrießlich, mit Ersatz Vorlieb nehmen zu müssen, und vielleicht verläuft der Abend in wechselseitigem Unbehagen. Doch mag der Ersatz sich als glückliche Überraschung herausstellen und Aussichten bieten, die den Ersatz zum Hauptgewinn machen. Die Kunst, dem Ersatz eine Chance zu geben, ist allerorten gefragt. Glücklich wird, wer es schafft, die Beziehung zur Ersatzperson zunächst einmal aufzunehmen, sich ihr vorbehaltlos zuzuwenden, ohne sie allzu rasch enttäuschend und mangelhaft zu finden.

Ein Beispiel für die Auseinandersetzung mit eigenem Ungenügen: Du freutest dich auf das Kommen der Geliebten. Nun ist sie da. Und du merkst: Sie hat hohe Erwartungen und große Ansprüche an dich, deine Leidenschaft, dein Unterhaltungstalent, deine Klugheit und Zärtlichkeit. Auf einmal bist du linkisch und befangen. Ist diese Frau nicht einige Nummern zu großartig für dich? Sie wird doch gleich merken, dass du ihr nicht gewachsen bist. Sie wird dich auslachen und stehen lassen. Die kindliche Enttäuschung darüber, dass man seinerzeit nur ein kleiner unterlegener Junge war, kommt in diesem Moment wieder hoch.

Wenn jemand mit der Loyalität eines Freundes rechnet, bleibt es eine riskante Vorleistung. Denn vom Freund wird erwartet, dass dieser sich für die Anliegen des Vertrauensbereiten einsetzt. Vertrauen vermittelt eine egozentrische Erwartung. So ist es auch in der Liebe. Beispielsweise vertraut eine Ehefrau auf die Treue des Ehemannes. Er soll treu sein, und so kann die Frau sich geliebt, begehrt und in einem verlässlichen Bündnis erleben. Sie rechnet mit Liebe und Loyalität; und da könnte sie Chancen haben, solange der Mann aus Herzensneigung treu sein will; dann teilen beide das gleiche Anliegen. Doch ist offen, wie lange das seelische Einverständnis währt und ob der Mann eines Tages zwischen dem Anspruch, dem Glück der Ehefrau zu dienen, und der Aussicht auf Vergnügen bei einer aufregenden Affäre zu ringen hat. Übrigens mag die Frau längst die Gefühlsermattung des Mannes bemerkt haben, und das bekümmert sie gewöhnlich auch dann, wenn der Mann ihr noch treu ist. Wer Liebe erhofft, dem liegt daran, dass der Partner nicht nur pflichtgemäß, sondern aus Neigung bei der Sache ist. Er soll den Liebeswunsch, den man ihm entgegenbringt, freudig annehmen, weil diese Gabe kostbar ist. Der Enttäuschungsschmerz darüber, dass die Gabe dem andern zur Last wird, ist groß.

Kummer und Trauer, Vertrauen und neue Spielfreude im Alter: Ein Beispiel

Bereicherung der Lebenserfahrung – das kommt im Folgenden zur Sprache. Wir erzählen von der Psychotherapie der 86-jährigen Frau Bader. Sie hatte vor einigen Monaten ihren Mann verloren, neun Jahre zuvor war ihr Sohn verstorben. Es war die Tochter, die ihrer Mutter eine therapeutische Behandlung vorschlug und den Kontakt herstellte. Die Psychotherapie war zu Beginn als Unterstützung in der Krise angelegt und wurde dann in eine längere Behandlung – die insgesamt zwei Jahre dauerte – überführt. Frau Bader sollte sich zunächst allmählich stabiler fühlen und die Tendenz zum sozialen Rückzug überwinden, sodann im Lebensrückblick von den Menschen innerlich Abschied nehmen, die sie verloren hatte. Immer wieder ging es auch um die Ermutigung, das neue

Leben allein zu gestalten. Die Aufarbeitung ihres gelebten Lebens mit der Folge, Erfahrungen neu zu bewerten und trotz der erlittenen Verluste die eigene Vitalität zu stärken, gehörten zu den wichtigen emotionalen Aufgaben.

Frau Bader ist eine ausgesprochen gepflegte Frau mit frischer Hautfarbe und sympathisch offener Ausstrahlung; sie erscheint wie besprochen zur ersten Stunde allein und berichtet, dass sie in den letzten Sommerferien ihren Mann in Italien am Strand verloren habe. Er sei beim Schwimmen an einem Herzstillstand gestorben. Wiederbelebungsversuche scheiterten. Ziemlich genau neun Jahre zuvor war ihr 38-jähriger Sohn tot umgefallen, auch hier lag akutes Herzversagen vor. Beide plötzlichen Todesfälle ereigneten sich an einem Sonntag. Sie erzählt von Besuchen bei einer Kinesiologin, die ihr geholfen habe, die schrecklichen Bilder aus dem Kopf zu bringen. Ein gruppentherapeutisches Angebot empfand sie als nicht hilfreich und brach es rasch ab. Frau Bader spricht unter Tränen. Es fällt ihr schwer, gefasst zu bleiben.

Sie stammt aus dem Sudetenland, hat mit ihrem Mann ein Engrosgeschäft geführt und ist Mutter von zwei Kindern. Die verheiratete Tochter ist 47 Jahre alt und hat drei Kinder, der Sohn ist, wie erwähnt, seit neun Jahren tot. Frau Bader sorgt zwar äußerlich für sich selbst, geht zum Altersturnen, macht regelmäßige Spaziergänge, vor allem zum Friedhof, aber sie fühlt sich leer, verlassen und fürchtet, allein nicht zurechtzukommen. Sie weint in dieser und in vielen folgenden Behandlungsstunden, sie weint zu Hause und kann nicht aufhören. Aber sie will aus der Desolation heraus: »Ich will es schaffen«, sagt sie und zweifelt dennoch, so lange ist sie schon in dieser elenden Verfassung. Die Patientin äußert im ersten Gespräch, sie sei voll Zuversicht, hier offen sprechen zu können, und bekräftigt das beim Abschied mit den Worten: »Ich glaube, wir beide schaffen das.«

In den folgenden Stunden wird deutlich, wie sehr sich die Trauer um den Ehemann mit der um den Sohn vermischt. Der Ehemann sei nicht ganz unschuldig am Tod des Sohnes gewesen, denn der sensible junge Mann, dem sie sich stets näher als der Tochter gefühlt habe, sei womöglich am Erwartungsdruck des Vaters zerbrochen. Gleichwohl brachten die gemeinsame Trauer um den Sohn und Gespräche über das verlorene Kind die Eheleute einander ein wenig näher.

Frau Baders seelische Verfassung entspricht zunächst der inneren Verarmung, dem Initiative- und Interessenverlust, dem Haften an unwiederbringlich Verlorenem, aber nicht Losgelassenem, wie es bei depressiven Menschen üblich ist. Zugleich erleidet sie eine Erschütterung ihres Selbst- und Sicherheitsgefühls; allerdings hatte sie immer ein geringes Selbstvertrauen, und der Ehemann war für sie keine Person, die ihr Halt und Vertrauen gab. Sie hatte ihrem Mann zugedient und große Zweifel, ob sie ihr Leben allein würde gestalten können. Ihre Ehe war nicht glücklich. Häufig fühlte sie sich von ihrem Ehemann gedemütigt und unterdrückt. Er habe sie beschimpft und »klein gemacht«. Sie habe sich nicht gewehrt, sondern sei zum Wohl der Kinder immer still gewesen und schämte sich ihrer Nachgiebigkeit, die sie als Schwäche ansah.

Der Schwiegermutter jedoch setzte sie zugunsten der Kinder gelegentlich Grenzen. Patientin und Therapeutin nehmen diese Kompetenz neu als Stärke wahr, auf die Frau Bader setzen kann. Auch wenn lange Phasen des Weinens und der Mutlosigkeit die Behandlungsstunden durchziehen, erprobt sie soziale Aktivitäten in gemeinsamer zuversichtlicher Planung mit der Therapeutin. Ein Beispiel für viele, die sich mehren:

Wie eine Hausaufgabe, die im Detail vorbereitet und besprochen worden ist, unternimmt sie beispielsweise eine Schifffahrt auf dem Zürichsee und berichtet voller Stolz davon.

Einschneidend ist die Ankündigung der Ferien der Therapeutin. Frau Bader fürchtet, ohne ihre reguläre Stunde keinen Halt zu haben, entwickelt dann aber selbst den Plan, in schwierigen Momenten fest an die Therapeutin zu denken. Auch gibt sie dieser, mit einer Geste charmanten Werbens, den Auftrag, gesund zurückzukommen, sie werde ja gebraucht. Nach und nach gelingen ihr einzelne Aktivitäten zur Kontaktaufnahme mit anderen und zur Neugestaltung ihres Alltags. Sie entfernt einzelne Fotos der beiden Verstorbenen aus der Wohnung. Nur die Schubladen ihres Ehemannes im Schreibtisch bleiben tabu.

Weihnachten rückt näher, die einsame Adventszeit wird bedrückend. Wichtig wird die Frage, ob und wie sie für sich allein ihr Zuhause weihnachtlich schmücken kann und will. Die Patientin liebt eine Weihnachtskrippe, die sie immer aufgestellt hatte. Jetzt fürchtet sie – und berät sich darüber intensiv mit der Therapeutin –, der Anblick der Krippe werde sie kummervoll überwältigen. In der letzten Stunde vor der Weihnachtspause wird Frau Bader zur freien Entscheidung ermutigt, das zu tun, was ihrem Wohlbefinden am meisten entspricht – die geliebte Krippe aufzustellen und so eine schöne festliche Tradition für sich allein weiter zu pflegen, oder aber, sie auf dem Dachboden zu belassen, um sich nicht in Erinnerungen zu verstricken, die sie traurig machen würden. Und vor allem: Wenn es ihr in diesem Jahr noch zu früh sei, dann könne sie es im nächsten Jahr versuchen. Mit ungeheurem Stolz erscheint die Patientin im Januar mit zwei Krippenfiguren als Beweis dafür, dass sie es geschafft hat, die Krippe für sich alleine aufzustellen.

Frau Bader wagt es, von den quälenden Schuldgefühlen zu sprechen, die sie ihrem Sohn gegenüber empfindet. Sie glaubt, nicht ausreichend für ihn eingestanden zu sein, und macht sich unter Tränen große Vorwürfe. Auf die Frage, was der Sohn ihr sagen würde, wenn er sie so sähe, imaginiert sie eine Antwort: »Mama vergiss doch das Ganze, es geht mir gut da, wo ich jetzt bin.« Er sei ihr auch bereits im Traum begegnet, und als sie versucht habe, ihn festzuhalten, habe er gesagt, er müsse zurück. Sie habe ihn daraufhin losgelassen. Frau Bader beschäftigt sich voll Kummer, Schmerz und Bestürzung mit den Attacken, Demütigungen, Zurücksetzungen und Verletzungen, die sie vom Ehemann erlitten hat. Zugleich wahrt sie zum Selbstschutz Distanz. Sie weint immer wieder, wenn es um den Ehemann geht. Er habe sie auch verbal attackiert und klein gemacht. Das sexuelle Zusammensein habe sie nie genießen können. In einer katastrophalen Auseinandersetzung habe sie einmal geäußert, sie lasse sich nicht von ihm kaputt machen, und hörte darauf: »Ich habe dich schon kaputt gemacht.« Nur in Gesprächen über den verstorbenen Sohn und in der letzten Woche vor dem Tod sei es friedlicher zwischen ihnen gewesen.

Gegen Ende der Therapie vermittelt die Patientin den Eindruck, die so quälende Erinnerungsarbeit hinter sich lassen zu können. Dann erscheint der Ehemann noch einmal im Traum, sie verbannt ihn jedoch vehement mit den Worten: »Lass mich endlich in Ruhe.« Es folgt ein weiterer Traum, der von einer eher versöhnten Stimmung zwischen beiden geprägt ist. Frau Bader fragt sich in einer neuen Haltung der Sicherheit und des Interesses am eigenen psychischen Funktionieren, wie es im Zusammenspiel beider Ehepartner wohl zu so viel Lieblosigkeit gekommen sei.

Anschließend beginnt eine selbstbestimmte, sensibel gestaltete Phase des Abschiednehmens. Frau Bader bestimmt sowohl den Zeitpunkt der Stundenreduktion nach rund einem Jahr als auch das definitive Ende der Therapie nach anderthalb Jahren. Sie hat den Kontakt zur Therapeutin mit Grußkarten zu den Festtagen noch eine Weile aufrechterhalten und sich immer wieder für die gemeinsame Zeit und die Unterstützung bedankt.

Was war hilfreich?

Bereits am Ende des ersten Gesprächs setzt die Patientin Hoffnung in eine gute Beziehung zur Therapeutin. Sie gibt ihr Kredit für den gemeinsamen Therapieprozess: »Ich glaube, wir beide schaffen das.« Die Therapeutin wird eine Vertrauensperson, deren hilfreiche Ressourcen sie nutzt: Sie stellt beispielsweise in der Ferienabwesenheit der Therapeutin eine enge innere Verbindung, aber auch die gemeinsame Aussicht auf Zukünftigkeit her. Dies lässt einen sicheren Bindungsstil vermuten, aber auch eine ausgesprochen gute Passung von Patientin und Therapeutin. Der Generationenunterschied wirkt sich hier positiv aus: Frau Bader ist mütterlich-besorgt um das Wohlergehen der Therapeutin, aber nicht gehemmt, sich anzulehnen. Eine zentrale Rolle in dieser Therapie nimmt das Zutrauen der Therapeutin in die Patientin ein: Indem sie der Patientin ihre Stärke aufzeigt und zutraut, kann Frau Bader sich diese auch selbst zutrauen. Wir verstehen dies als Teil des Beziehungs- und Kommunikationskonzeptes der Kreditierung.[25]

Frau Bader formuliert ihr übergeordnetes Therapieziel selbst damit, dass sie das tiefe innere Elend überwinden wolle. Die einzelnen Therapieziele werden mit einem integrativen Einsatz-

verhaltenstherapeutischer und psychoanalytischer Zugangsweisen erarbeitet:

– Aufbau von Aktivität und neuen Freiräumen
Neben den von Frau Bader aufrechterhaltenen Tagesstrukturen und Aktivitäten wird das Wiederaufnehmen von sozialen Beziehungen außerhalb der Familie gemeinsam geplant und vorbesprochen. Trotz aller Ängste und Klagen berichtet die Patientin mit Stolz von jedem neuen Schritt – »Heute werden Sie sich freuen!«. Die Therapeutin wiederum gibt ihr Kredit für alles, was sie trotz ihrer desolaten Verfassung tut. Die Patientin gewinnt an Autonomie und neuen Freiräumen, indem sie sich einerseits von schwierigen familiären Interaktionen abgrenzt, andererseits, indem sie mobil wird und erstmals weite Busfahrten unternimmt. Die Gestaltung ihres inneren Lebensraumes der Wohnung bleibt hingegen ambivalent: Zwar trennt sich Frau Bader von einigen Fotos »ihrer Herren« in der Küche, die Wohnungseinrichtung und persönlichen Möbelstücke des Ehemannes bleiben jedoch bis zum Schluss unangetastet. Ein symbolischer Schritt der Umbewertung des eigenen Raums ist die Platzierung der Weihnachtskrippe. Der Verweis der Therapeutin auf die Zukunft – »dann halt nächstes Jahr« – löst den Erwartungsdruck und ermöglicht der Patientin eine freie Entscheidung.

– Zulassen der depressiv desolaten Verfassung
Ein wesentlicher Bestandteil der therapeutischen Beziehung besteht darin, dass Frau Bader in den Therapiestunden weinen kann, so viel sie es braucht, und dabei psychischen Halt beim Gegenüber findet. Sie deponiert ihr Leid, zugleich vermittelt ihr die Therapeutin den gemeinsamen Blick auf etwas

Drittes, den Blick in die Welt hinaus, in der auch Gutes gesehen werden kann. Mit dem nach einem halben Jahr gemachten Vorschlag, den Weinanfällen zu Hause einen bestimmten, nicht aber beliebigen Raum zu geben, beginnt ein psychischer Differenzierungsprozess zwischen Schicksalsbezug und Zukunftsaussicht.

– Auseinandersetzung mit zwiespältigen Gefühlen gegenüber den Verstorbenen

Die Bearbeitung schwieriger Gefühle findet in verschiedenen Formen der Exposition ihren Ausdruck. Schuldgefühle gegenüber dem Sohn lassen sich in der imaginierten Aussprache, in der er ihr vergibt, mildern. Frau Bader konfrontiert sich mit der belasteten Ehegeschichte und benötigt gleichwohl Distanz. Sie reguliert die Annäherung an das Gewesene und den Abstand vom Gewesenen auf eine so gute Weise, dass jede Verbitterung ausbleibt. Sie behält den Blick auf das Positive, macht dem Ehemann zwar Vorwürfe, übt aber aus einer souveränen Position eine gewisse Nachsicht einem nahestehenden Menschen gegenüber, dessen Schwäche man ahnt: Er habe es nicht besser gekonnt.

Frau Baders emotionale Ambivalenz gegenüber dem Ehemann zeigt sich eindrucksvoll in ihren Träumen. Als sie schließlich mehr Distanz gewonnen hat, erhält dieser dort noch einmal demütigende Präsenz. Nachdem sie ihn deutlich in die Schranken gewiesen hat, macht sie ihn im Traum zum zärtlich-zugewandten Partner. Obwohl zu Lebzeiten unversöhnt, entsteht in Fortsetzung der letzten friedlichen Lebenswoche des Ehemanns in der Phantasiewelt des Traumes ein positiveres Bild. Die eigene Geschichte wird somit partiell neu modelliert.[26] Die ältere Patientin und die Therapeutin konstruieren »gemeinsam eine neue, weniger verletzende Interpretation«, die einen Perspektivenwechsel ermöglicht.[27]

Achtung, Wohlwollen, Zutrauen

Achtung und Wohlwollen zeigen sich in der Beziehung in besonderer Weise:

- Die Therapeutin engagiert sich für die Leidenssituation und das subjektive Patienten-Anliegen.
- Sie ist transparent in der Verständigung, bei der Erläuterung des Behandlungsvorschlags und bei der Entscheidungsfindung.
- Sie fordert die Urteilskompetenz, Reflexivität und kritische Intelligenz der Patientin heraus.
- Sie lässt ihre persönliche und fachliche Autorität durch die Patientin testen und kritisch prüfen.
- Sie erwartet von der Patientin Mut zur Selbstoffenbarung und fördert ihr selbstexploratives Interesse.

Frau Bader ist von einer depressiven Reaktion im Anschluss an ein kritisches Lebensereignis betroffen, dem Verlust ihres Ehepartners. Der Verlust wiegt umso schwerer, als er seinem Charakter nach intensiv an den früheren Tod des Sohnes erinnerte; in beiden Fällen ein tödlicher Unfall, der weder innere Vorbereitung noch Abschiednehmen erlaubte. Sie erlebte den Ehemann als abweisend, entwertend, kontrollierend und dominant. Sie erhielt die Partnerschaft aufrecht, weil sie Mann und Kindern gegenüber loyal und verlässlich sein wollte, weil die kontinuierlichen Attacken auf ihr Selbst- und Wertgefühl sie schwächten und abhängig machten, aber auch, weil es für sie Möglichkeiten innerer Abgrenzung und Distanzierung gab

(»Du kannst mich nicht kaputt machen!«). Der Tod des Mannes traf sie als Versuchung, sich definitiv loszusagen, aber sie litt unter einem mächtigen Schuldgefühl: Unbewusst fürchtete sie, seinen Tod gewollt und gar verursacht zu haben, den Tod eines Mannes, der sich mächtig gab, aber schwach und hilfsbedürftig war, schwächer als der zärtlich geliebte Sohn, den sie weder hatte retten, noch vor dem Vater hatte ausreichend in Schutz nehmen können.

Die Patientin hätte sich nach dem Tod des Mannes frei fühlen können, aber ihr Verlangen nach Unabhängigkeit und Selbstbestimmung lösten schwere Schuldgefühle aus, als hätte sie schwache Personen, die ihre Hilfe brauchten, im Stich gelassen. So musste die innere Loslösung wieder rückgängig gemacht und die eigene Aktivität in den Dienst eines Klage- und Totenkults (die Wohnung als Ort des unveränderlichen Gedenkens) gestellt werden. Die unbewussten Schuldgefühle der Patientin erreichen aber nicht die Stärke eines verdeckten Wunsches nach Selbstzerstörung. Um ihre Wirkung zu mildern, nutzt Frau Bader die Beziehung zur Therapeutin. Das ist das wichtigste und besonders gut gesicherte Ergebnis der Behandlung: Die Patientin hat den Mann nicht zerstört, der Mann hat sie nicht zerstört. Vergebung ist möglich. Der Sohn trägt ihr nichts nach. Er erscheint ihr im märchenhaft symbolischen Traum, in dem er sie wissen lässt, dass es ihm gut gehe, am Ort, an dem er sich jetzt befinde. Aus maligner Loyalität wird – ansatzweise – ehrendes Gedenken in der Haltung der Verbundenheit.

Frau Bader kann sich entwickeln, weil sie das therapeutische Beziehungsangebot aktiv als Wert und Chance wahrnimmt und nutzt. Sie präsentiert sich nicht passiv, sondern sorgt, mit Unterstützung ihrer professionellen Partnerin, ausdrücklich dafür, dass die Kooperation als Begegnung für das eigene Erleben und Handeln wirksam und bereits im Kleinen veränderungsrelevant wird. Dazu gehören beispielsweise Freude am Verstandenwerden, dankbares Erinnern an gute Stunden, Überraschung über neue Perspektiven, Auffinden neuer Zusammenhänge, die zur Erprobung neuen Handelns ermutigen, Erholung und Sammlung durch die Möglichkeit, eine Stunde für sich selbst zu haben, Teilhabe an der begründeten Zuversicht eines glaubwürdigen Partners, Selbstwertzuwachs durch Toleranz eigener Unzulänglichkeiten und Grenzen, Genuss der Zunahme an Selbstkenntnis und emotionaler Intelligenz.[28]

Therapie im Alter und die Auseinandersetzung mit Verlusterfahrungen

Einzelpsychotherapien mit älteren Menschen funktionieren besonders aussichtsreich, wenn sich der Therapeut oder die Therapeutin erfolgreich als Partner anbieten kann, der die Begegnung zu einem emotional wesentlichen Ereignis werden lässt – zu einem Ereignis von Gewicht gleichsam, das Wert und Bedeutung hat, das in wechselseitiger Schätzung aktiv und initiativ gestaltet wird und über das nachzudenken sich jeweils lohnt. Das entspricht dem Zeit- und Vergänglichkeitsgefühl eines Menschen in höherem oder hohem Lebensalter. Die Auseinandersetzung mit persönlichen Verlusterfahrungen verlangt Begleitung beim Abschied; das ist gemeinsame Orientierung auf ein drittes Objekt (du warst ein Teil von meinem Leben). Sie verlangt aber ebenso das Erleben der Freiheit vom Objekt (es gibt ein Leben ohne dich).

– Gute Beziehungsarbeit – was bietet der Therapeut an?
Die therapeutische Arbeit verläuft nicht schematisierend, sondern zugeschnitten auf die Individualität des Patienten.

Der Therapeut schätzt und würdigt auf gesicherter Diskretionsbasis das Intime und Persönliche, das der Patient mitteilt.

Die Beziehung gilt den Partnern als nicht-wiederholbar. Sie wird daher als geschichtliches Ereignis erinnert und gewürdigt.

Der Therapeut stellt Zukunftsoffenheit her: Die Beziehung hat nicht nur Geschichte, sondern auch eine Entwicklungs- und Veränderungsdimension.

Der Therapeut stellt Toleranz für Intransparenz her. Es gibt keine Notwendigkeit, alles zu durchdringen und zu erklären. Das ist eine Übung in Gelassenheit.

Der Therapeut mobilisiert die Courage, das Risiko der Selbstenthüllung und der Selbstexploration einzugehen.

Der Therapeut bietet Chancen zur Trauerarbeit: Hier geht es um realistisches Einverständnis mit der eigenen Biografie und der Freundlichkeit eines vergänglichen Lebens.

Zukunftsoffenheit ist auch Offenheit für das Ende des Lebens. Das Ende bedenken, heißt auch: fragen, was bleibt, was bleiben soll, was nicht bleiben kann. Der Therapeut hat immer auch die Aufgabe, den Patienten zu bewahren, im hier besonders anspruchsvollen und wichtigen Prozess des Abschiednehmens mit dem Patienten eine Beziehung herzustellen, in der dieser ein Gebender ist.

Jede Behandlung braucht Courage. Denn Konfrontation und Dissens müssen Platz haben und den Austausch weiterbringen. Es ist wichtig für beide Partner in der Beziehung, sich am rechten Ort vorzuwagen.

Jede Behandlung hat diskreten Charme. Charme ist eine Selbstempfehlung. Ihr Unterpfand ist Liebenswürdigkeit.

Charme lockt mit dem Vertrauensvorschuss, die Selbstempfehlung werde auf Sympathie und Genuss stoßen. Wo Charme am Werk ist, geht es lebendig zu. Dass es lebendig zugeht, gerade das sollte man alten Menschen zutrauen.

Enttäuschung, Humor und hilfreiche Beziehung

Krise – Enttäuschung – Misserfolg: das sind Zumutungen für die persönliche Stabilität und das Selbstgefühl. Es braucht den verlässlichen Anderen zur eigenen Wiederherstellung und Restitution. Er zeigt Sympathie und Anerkennung, ermuntert dazu, sich nachträglich erzählend und erinnernd der Erfahrung zu stellen, hilft und berät bei der nachträglichen Einschätzung. Er hilft aber auch, wieder Mut zu fassen, Zuversicht zu gewinnen. Das ist zumindest dann ein guter Weg, wenn der Betroffene eine gewisse Toleranz für Niederlagen mitbringt oder wenn er für Trost und den Aufbau von Zuversicht empfänglich ist. Wenn aber narzisstisch gestörte Personen mit Krisen, Enttäuschungen oder Misserfolgen konfrontiert sind, fehlt die Toleranz für ein Nicht-Gelingen. Wer versagt, ist dann nichts wert, wer scheitert, ist der Verachtung preisgegeben. Narzisstisch gestörte Personen entwerten sich selbst, wüten gegen sich selbst. Hier braucht es psychotherapeutische Unterstützung. Es geht zunächst um den Aufbau einer gewissen Stabilität des Selbst, um ein grundsätzliches Gefühl für den eigenen Wert, das unabhängig von Erfolg oder Misserfolg gegeben ist.

Humor empfiehlt sich, weil auch der Stärkste nicht der Enttäuschung an anderen und sich selbst entkommt, niemand, der am sozialen Leben teilnimmt. Humor wird auf dem Weg zum Erwachsenenleben zur Quelle des Selbstgefühls.

Humor ist die Bereitschaft zur wohlwollenden Anerkennung eigener Grenzen und zur heiteren Relativierung. Er fördert Gelassenheit und Fehlertoleranz. Es geht nicht um Relativierung durch lachende Sorglosigkeit, sondern um Spannungsabbau, Verminderung von Druck, Neubewertung der eigenen Situation.

Wer auf längere Sicht die Zurücksetzung mit Humor nehmen kann, ist in der Lage, eine kreative Verinnerlichungsleistung im Sinne Freuds zu erbringen: Es ist die Verinnerlichung der tröstenden, begleitenden, nachsichtigen Elterninstanzen, mit denen man im seelischen Dialog bleibt. Das Selbstgefühl wird in der Phantasie der Begegnung mit einer persönlichen oder unpersönlichen liebevollen Autoritätsfigur wiederhergestellt. Die erwachsene Person ist bereit zu sehen, in welchem Ausmaß und warum das Erlebte schmerzlich und betrüblich ist, aber sie ist auch in der Lage, sich selbst zu relativieren, dann gewinnt sie Souveränität in der Krise. Sie kann – die eigene Perspektive hintanstellend – sich in die Lage anderer versetzen, ohne sich davon als bedroht zu erleben. Kommt die Bereitschaft hinzu, die negative Selbst- und Situationsbewertung mit der Vorstellung der eigenen Fehlbarkeit zu verbinden, ist Stärke zurückgewonnen.

Die Welt als Kinderspiel

Wir schreiben der humoristischen Einstellung, wie es Freud formuliert, »einen hochwertigen Charakter zu, wir empfinden sie als besonders befreiend und erhebend. Der Scherz, den der Humor macht, ist ja auch nicht das Wesentliche, er hat nur den Charakter einer Probe, die Hauptsache ist die Absicht, welche der Humor ausführt, ob er sich nun an der eigenen oder an fremden Personen betätigt. Er will sagen: Sieh' her, das ist nun die Welt, die so gefährlich aussieht. Ein Kinderspiel, gerade gut, einen Scherz darüber zu machen!«[29] Humor ist eine Errungenschaft, die Enttäuschungstoleranz fördert. Sie entsteht unter günstigen Umständen in Krisen des Selbstgefühls. Die Krise des Selbstgefühls macht deutlich, dass man einer Illusion erlegen ist, insbesondere einer Illusion über sich selbst. Man nimmt dies als Kränkung zur Kenntnis, verfällt aber nicht in Melancholie, sondern nimmt zur eigenen blinden Selbstliebe einen souveränen Standpunkt der großzügigen Kritik und des nachsichtigen Wohlwollens ein.

Humor ist klug, aber nicht streng. Er fördert Aufrichtigkeit und zugleich Toleranz. Humor ist eine selbstreflexive Leistung, eine besondere Form der Urteilsbildung in Krisen des Selbstgefühls. Humor überwindet den unbedingten Selbstbezug. Humor schafft Misserfolgstoleranz. Er ist Antwort auf eine Krise des Selbstgefühls. Er macht aus Schwäche Stärke und stellt das Selbstgefühl wieder her. Die Erfahrung der Beeinträchtigung, der Krise des Selbstgefühls, wird nicht abgewehrt oder entwertet, sondern genießbar als Bereicherung der Lebenserfahrung.

Wenn schon vom Kinderspiel die Rede ist, dann soll am Ende nochmals ein Märchen zur Sprache kommen. Der »alte Großvater« ist Titelfigur der berühmten Erzählung »Der alte Großvater und sein Enkel« aus Grimms Märchen. Der Großvater ist angewiesen auf die Fürsorge seines Sohnes und dessen Familie. Die Essmanieren des alten Mannes lassen nach. Von seinem Anblick abgestoßen, verweist man ihn mit plumpem Holzgeschirr und knappen Rationen weitab vom Tisch hinter den Ofen. Da sitzt er traurig und sieht »betrübt nach dem Tisch«. Der kleine Enkel aber trifft Anstalten, ein Holzgeschirr zu zimmern und antwortet auf die väterliche Frage, was er da tue: »›Daraus sollen Vater und Mutter essen, wenn ich groß bin.‹ Da sahen sich Mann und Frau eine Weile an, fingen endlich an zu weinen, holten sofort den alten Großvater an den Tisch und ließen ihn von nun an immer mitessen, sagten auch nichts, wenn er ein wenig verschüttete.«[30]

Die Versorgung des bedürftigen Alters erscheint als saure Pflicht. Man würde sich ihrer gern entledigen. Erst die Konfrontation mit der Aussicht, selbst einmal zu werden wie der alte Mann und behandelt zu werden wie er, führt zu innerer Erschütterung, Trauer und liebevoller Nachsicht bei Sohn und Schwiegertochter. Kräfte der Begegnung sind: Empathie und Identifikation, Trauer und Reue. Der Stoff dieser in der gesamten Weltliteratur breit tradierten Geschichte ist, wie der Literaturwissenschaftler Peter von Matt schreibt, »mit einer der schmerzhaftesten Krisen der menschlichen Selbstwerdung verknüpft, und zwar nicht nur im Kontext sozialer Regeln, sondern auch im Bereich des Biologisch-Physiologischen: dem existentiellen Abschied von den Eltern«[31]. Trennung und Verbindung, Abstoßung und Geborgenheitssehnsucht werden in der kleinen Lehrgeschichte psychologisch und auf der Ebene der direkten menschlichen Begegnung ausgestaltet. Nicht nur am Anfang des Lebens geht es um Beseelung im zwischenmenschlichen Kontakt, im Kontakt zwischen Eltern und Kind, sondern auch am Ende des Lebens, wenn Söhne und Töchter den gebrechlichen Eltern zur Seite stehen.

Heiterkeit und Freiheit

Aber wiederum ist Humor im Spiel. In der Geschichte von den »Bremer Stadtmusikanten« geht es den alten Tieren wie den »ausgesetzten« Kindern, von denen weiter vorn die Rede war, man gewährt ihnen keine Zugehörigkeit, tritt nicht in Kontakt, vernachlässigt sie, auch der Tod könnte ihnen drohen. Doch sind sie, anders als der »alte Großvater«, zum Überleben noch nicht auf Pflege angewiesen, sondern kommen mit einer gewissen Rüstigkeit durch die Welt. Das Thema Ausstoßung, Marginalisierung und Liquidation gewinnt eine neue Wendung. Vier dienstbare Geister, vier willige Arbeiter haben ausgedient und sich von ihrer Herrschaft davongestohlen, ehe es ihnen an den Kragen geht. Sie wollen eigentlich als musikalisches Quartett in Bremen auftreten, erobern sich aber unterwegs in gemeinschaftlicher List ein wohlausgestattetes Räuberhaus als dauernde Wohnstatt.

»Die Bremer Stadtmusikanten« bilden eine Schicksalsgemeinschaft Bedrohter und Marginalisierter. Es geht ihnen gut in dieser Solidargruppe: »Von nun an getrauten sich die Räuber nicht wieder in das Haus, den vier Bremer Musikanten gefiel's aber so wohl darin, dass sie nicht wieder heraus wollten.«[32] Esel, Hund, Katze und Hahn sind hier der sozialen Bewertung nach Narrenfiguren. Ihrer Funktionalität ledig gelten sie nichts mehr in der Welt. Aber der Esel ist nicht dumm, der Hund kein Don Quichotte, die Katze kein Schildbürger; nein, der Leser lacht nicht über die Tiere, er lacht mit ihnen. Die Geschichte ist nicht lustig, weil die Tiere so komisch sind. Sie ist lustig, weil die Tiere – auch wenn die Geschichte simpel und kindlich ist – so gezeichnet werden, als spielten sie mit dem Närrischen, Komischen und Gräulichen und nutzten es selbstironisch für die Eroberung ihrer neuen Bleibe, die – frei von Kontrolle und Dienstbarkeit, von Anstand und Ehrbarkeit – so viel genussvolle Vitalität und Behagen schafft.

Vier sympathische Alte waren – jeder für sich zunächst – mutterseelenallein. Sie waren verlassen, tun sich zusammen und finden ihr Glück. Die Not ist Marginalisierung, Entwertung der Person, Missachtung und Ausstoßung. Das Glück ist Solidarerfahrung und die Verwandlung der Räuberbude in ein Paradies der Freiheit und kindlichen Unbeschwertheit. Ein besonderes Vergnügen an der Erzählung bereitet die Beobachtung, wie sich die tragische Vorstellung von der persönlichen Vernichtung und Entwertung in der Leichtigkeit der listigen Narrenmaskerade aufhebt. Zahm und sittsam, zivilisiert und gefällig müssen die Tierwesen nicht mehr werden. Das Alter hat zwar nicht Jugendkraft, doch: »Ist der Ruf erst ruiniert, lebt es sich ganz ungeniert.«[33]

Erzählcafés im Mehrgenerationenhaus

Wenn die Staffage modern ist, der Spannungsaufbau und die Stringenz der Handlungsdurchführung aber so viel Klugheit und Witz beweisen, wie es bei den Geschichtenmustern aus der Märchenklassik der Fall ist, dann sind Märchen des Medienzeitalters ein Gewinn, der zur spontanen schöpferischen Eigenleistung anregt. Zum Beispiel im Erzählcafé? Dort können zwischen den Generationen gemeinsame narrative Spiele entstehen, die emotionales und soziales Verstehen fördern und die Dramaturgien des Glücks als Comic und kollektive Erzählung, im Chat Room, als Stegreiftheater oder PowerPoint-Präsentation zur Aufführung bringen.

Das Märchen schärft nicht den Blick für Lebenspraxis und Realitätssinn, wohl aber für das, was erfüllende Beziehungen und Situationen des Glücks ausmacht. Solche Situationen schaffen momentweise eine Leichtigkeit des Seins, die Kinder und Alte gerade brauchen angesichts der existenziellen Abhängigkeiten, in denen sie leben und die sie immer wieder als Bedrängnis und Beunruhigung erfahren.

Mutterseelenallein: So haben wir dieses Kapitel überschrieben. Vielleicht ist dieses Wort eine deutsche Verballhornung des »moi tout seul« (ich ganz allein) hugenottischer Flüchtlinge. Jedenfalls verbindet die Wortzusammensetzung die Begriffe Mütterlichkeit – Seele – Alleinsein: Wir haben den Zusammenhang von Mütterlichkeit (auch Männer können »mütterlich« sein ...), Bindungssicherheit, Urvertrauen und Beseeltsein betrachtet, aber auch die Gefahren, die der Seele drohen, wenn Mütterlichkeit fehlt, versagt oder pervertiert ist. Wer »mutterseelenallein« ist, wird Bindungssignale aussenden, um wieder oder zum ersten Mal in Beziehung zu sein. Wird diese suchende Seele auf feinfühlige Resonanz stoßen oder allein bleiben?

Drittes Kapitel

Abschiedsbriefe: Leben am Ende – Am Ende leben

Es geht nicht weiter

Was hat der Suizid mit der Seele zu tun? Was sind überhaupt Abschiedsbriefe und wie gehen wir mit ihnen um? Suizidanten bringen einen Willen zum Ausdruck. Sie formulieren eine Entscheidung und stellen sich zu den Verpflichtungen, zu den Herausforderungen, zu den Anliegen, die das Leben bisher im gewöhnlichen Alltag bestimmt haben. All dem wollen sie aber ein Ende setzen. Die Entscheidung wird formuliert, und das Schreiben wird auch adressiert, manchmal richtet sich der Verfasser an ein allgemeines anonymes Publikum, meistens aber an ganz bestimmte, meist nahestehende Personen. Denen manchmal auch noch Aufträge erteilt werden. Der Schreibende bewertet das vergangene Leben in bestimmten Punkten, äußert sich oft zur Beziehung zu der Person, an die er sich wendet, und er spricht die Zukunft an. Vielfach wird ein Zustand oder auch eine Form des Lebendigseins nach dem Tod imaginiert. »Ich werde auf dich aufpassen, ich werde mit dir verbunden sein«, heißt es gelegentlich. Und häufig blicken die Briefautoren auch gleichsam zurück auf die Gegenwart, von einem zukünftigen Standpunkt aus. Oder sie nehmen einen Standpunkt in der Zukunft ein, als sei die Zukunft bereits vollendet. Futur II ist das, grammatisch gesprochen. »Ich werde gelebt haben.«

Nicht alle Suizidanten wollen sterben. Oft geht es eher um den Wunsch zu leben. Der Psychoanalytiker Heinz Henseler beschreibt »narzisstische Krisen«[34], in denen die suizidale Phantasie, das eigene Leben zu beenden und dadurch in einen besseren Zustand zu kommen, den Selbstwert stabilisiert. Gefährlich für das Leben wird es, wenn es außer der Suizidalität keine anderen Selbstwert-Stabilisatoren mehr gibt. Abschiedsbriefe können insofern Krisenphänomene sein, als sie eine ungelöste Spannung ausdrücken, die auf eine Veränderung hinzielt, also eine dynamische Situation, die jetzt durch den beschlossenen Suizid gewaltsam zu Ende gebracht und in gewisser Weise ›gelöst‹ wird.

»Die Seele«, so schreibt James Hillman, »drängt auf Todeserfahrung, weil diese die Wandlung ermöglicht.«[35] Das gilt ganz allgemein für die Bedeutung des Todes, auf den die »Wurfparabel« unserer Lebenslinie[36] zuläuft. Das Leben läuft »auf ein vollständiges Ende zu, auf eine Erfüllung in der stasis, in der alle Prozesse aufhören«. Dies ist laut Hillman der Versuch, »eine andere Ebene der Realität zu erreichen, vom Werden zum Sein zu gelangen. Suizid ist der Versuch, durch den gewaltsamen Tod von der Ebene des Werdens zur Ebene des Seins zu gelangen«[37], der Drang nach *eiliger Wandlung*:

»Er ist nicht ein verfrühter Tod, wie die Medizin sagen würde, sondern die späte Reaktion eines hinausgezögerten Lebens, das sich in seinen verschiedenen Phasen keiner Wandlung unterzogen hat. Es möchte jetzt und hier und vollständig sterben, weil es seine früheren Todeskrisen zu erleben versäumt hat. Diese Ungeduld und Intoleranz spiegelt eine Seele wider, die mit ihrem Leben nicht Schritt gehalten hat oder, bei alten Menschen, ein Leben, das einer immer noch hungrigen Seele keine nährende Erfahrung mehr zu bieten hat.«[38] Im Unterschied zur medizinisch-psychiatrischen Suizidvorbeugung, so Hillman, hat der analytische Psychotherapeut nicht die Aufgabe, den Tod zu verhindern. Vielmehr soll er das Leben ermöglichen. Dazu gehört, dass er mit der Angst des Patienten und mit der eigenen Angst vor dem Suizid des Patienten umgehen kann.

Die von Whitehead interpretierte Liedzeile *Abide with me; fast falls the eventide* kehrt hier mit existenzieller Wucht wieder: Die erste Satzhälfte steht für das Bleiben, die Stasis, die »Bewahrung der Seele«, die zweite für den Lebensfluss, die Wandlung, wozu auch die suizidale Dynamik gehören kann. Der Analytiker hat die Aufgabe, bei seinem Patienten zu *bleiben*, aber auch seinen Wandlungsimpuls zu verstehen. Dieses Verstehen, nicht das Verhindernwollen, ist letztlich die beste Suizidprophylaxe.

»Wenn ich mein Leben noch einmal leben könnte«, so schreibt Herr F., ein Mann Mitte fünfzig, der Ort, Zeit und Art seiner Selbsttötung bestimmt hat im Abschiedsbrief, dann wäre er eine freie Seele, unbekümmert, lebensfroh, nicht so kontrolliert, pflichtbewusst und arbeitsam, wie er es ein Leben lang war. Ja, auf Perfektion würde er verzichten und stattdessen versuchen, mehr Fehler zu machen. Barfuß laufen, in Flüssen schwimmen, verbunden sein mit der Natur. Dann tu das doch, denkt der bestürzte Leser. Warum willst du stattdessen sterben? Weil er, so heißt es im Brief, zurückgesetzt, übervorteilt und gedemütigt worden ist. Man hat seinem Ruf geschadet, er hat Freunde – sogenannte Freunde – verloren; er wird das nie vergessen, nie verwinden können, nie ist sein Herz leicht, sein Kopf frei. Er setzt seinem Leben ein Ende. Im Abschiedsbrief lässt er Bilder vor seiner Seele auftauchen, Bilder vom noch nicht gelebten Leben im Einklang mit der Natur, befreit vom drückenden Pflichtbewusstsein und von gnadenloser Disziplin. Und er erhebt Anklage. Die Angeklagten haben seinen Tod zu verantworten.

Warum hat er nicht das Leben gewählt? Nun, weil er ein Weiterleben in Hader und ohnmächtigem Groll nicht erträgt. Und weil alle Versuche, dem Übel abzuhelfen, bisher gescheitert sind. Er traut sich jene Veränderungs- und Entwicklungsschritte nicht mehr zu, die auf dem Weg zu einer neuen Lebendigkeit – nach der seine Seele dürstet – notwendig wären. Er traut sie sich umso weniger zu, als all die Strenge, die er gegen sich geübt hat, all die Selbstzurücknahme und die Disziplin, die er sich auferlegt hat, ohne Dank und Anerkennung geblieben sind. Hätte er wenigstens den leichten Sinn gehabt, den Leichtsinn gelebt, von dem er träumt. Nun nimmt er sich das Leben, sein Abschiedsbrief lässt uns wissen, dass er am Ende noch einmal mit Leib und Seele dabei war: Nach seinem Suizidentschluss genießt er, von allen Pflichten entbunden, Bilder guten Lebens in der Vorstellung, und er tritt wirkungsvoll mit jenen in Beziehung, die ihm Unrecht taten. Er legt ihnen seinen Tod zur Last. Er klagt an und verurteilt, er verurteilt und handelt. Er setzt ein Zeichen, ein endgültiges Zeichen. Er trifft die anderen, indem er sich selbst trifft. Kurz ist die Zeit zwischen Suizidentschluss, Abschiedsbrief und tödlicher Handlung. Was er im Leben verändern und erreichen wollte, was dort aber nur in einem langen und ungewissen Veränderungsgeschehen hätte gewonnen werden können, das verdichtet sich jetzt auf eine kurze Zeitspanne. Die Auslöschung des Lebens ist der Preis. Doch nicht sie wird ersehnt. Es ist eine besondere Lebens- und Beziehungsintensität, um die es geht.

Was wir hier anhand des Abschiedsbriefs von Herrn F. zur Sprache bringen, nämlich suizidales Handeln als Konfliktlösung und als Veränderung, die um des Lebens willen gewaltsam herbeigeführt wird, das formuliert James Hillman in seinem Buch »Selbstmord und Seelische Wandlung« (1966/2002) als allgemeine Vermutung über den Suizid als Handlung: Die suizidale Handlung soll das Leben verwandeln, soll Lebensfülle bewirken. Und in der Tat sind viele Personen vor dem selbstgesetzten Ende heiter, froh oder beseligt. Das macht die Einschätzung des Suizidrisikos in manchen Fällen schwierig, und es steigert die Angst vor dem unerwarteten Suizid. Es stellt hohe Anforderungen an den Therapeuten, der Suizidalität als Wandlungsgeschehen begleiten möchte.

Heinrich von Kleist, dem »im Leben nicht zu helfen war«, schrieb am Morgen seines Todes, am 21.11.1810, an seine Schwester Ulrike von Kleist: »Und nun lebe wohl; möge Dir der Himmel einen Tod schenken, nur halb an Freude und unaussprechlicher Heiterkeit dem meinigen gleich.«[39] Und Jean Améry, 66-jährig, schrieb im Abschiedsbrief, am 17.10.1978, an seine zweite Ehefrau Maria: »Es ist nicht leicht, aber dennoch die Erlösung.« Er hätte es nicht ertragen, seinem »Niedergang, intellektuellen, physischen, psychischen« zuzusehen.[40] Er trifft die Entscheidung, jetzt Hand an sich zu legen, weil er – der ehemalige jüdische Häftling in deutschen Konzentrationslagern – ohne innere und äußere Unabhängigkeit nicht weiterleben kann. Er geht, bevor er sich den Verfallserscheinungen des Alters aussetzen müsste. Dass er seine geliebte Frau zurücklässt, dass Freunde zurückbleiben, schmerzt ihn. Doch am Ende ist der ehemalige Lagerhäftling, den man in der Folter unterworfen, gequält und gedemütigt hatte, Herr seiner Entscheidungen, in souveräner Position und erlöst. Das lässt sich, mit Hillman formuliert, als »Wandlung« in der Stunde des Todes begreifen, die sich vielleicht auch im weiteren Leben als langes und schmerzvolles Geschehen hätte vollziehen können, als Wagnis des Einverständnisses mit Alter und Schwäche und – vielleicht ein noch viel größeres Wagnis – als Bereitschaft, Hilfe anzunehmen und zu vertrauen, und dies als jemand, der die hilflose Auslieferung an ein Folterregime erlebt hat.

Die Selbsttötungen, die wir hier zur Sprache bringen, sind individuelle, persönlich begründete Handlungen. Sie ereignen sich meist im einsamen Rückzug, manchmal gemeinschaftlich, wenn ein Liebespaar nicht mehr leben will oder verschworene Freunde in den Tod gehen. Nur von diesen individuellen Handlungen wollen wir im Folgenden sprechen, oder besser gesagt, nur von Abschiedsbriefen, die einige der Personen, die sich das Leben nahmen, hinterlassen haben.

Selbsttötung in der Schweiz und erhaltene Abschiedsbriefe

Weltweit beenden laut WHO jährlich über 800 000 Menschen ihr Leben durch Selbsttötung.[41] Männer im hohen Lebensalter, die an einer unheilbaren körperlichen Krankheit oder an einer schweren psychischen Störung, vor allem an Depressionen leiden, sind am stärksten betroffen. Dreimal so viele Männer wie Frauen nehmen sich das Leben. Die versuchte Selbsttötung hingegen ist bei Frauen weitaus häufiger als bei Männern. Selbsttötungen hängen in der westlichen Welt oft mit einer psychiatrischen Diagnose zusammen.[42] Scheidung, Arbeitslosigkeit, familiäre Konflikte oder Verschuldung spielen eine große Rolle. Für Jugendliche ist die Selbsttötung häufig ein Ausweg aus unerträglichen Erfahrungen der Einsamkeit, der Selbstentwertung und verzweifelter Entmutigung auf der Suche nach Liebe und Freundschaft. In einer Stellungnahme des Schweizerischen Bundesamtes für Gesundheit vom 28.04.2015 heißt es, dass »Suizid … nach Krebs-, Kreislauferkrankungen und Unfällen der vierthäufigste Grund für frühzeitige Sterblichkeit« ist. Die Suizidalität junger Männer (15 bis 24 Jahre) und von Männern im höheren Lebensalter (ab 75 Jahre) nimmt kontinuierlich zu, auch weil sehr alte Personen zunehmend Sterbehilfe in Anspruch nehmen.

Wer durch assistierten Suizid aus dem Leben geht, schreibt meist keinen persönlichen Abschiedsbrief. Das überrascht nicht, denn im Fall eines assistierten Suizids sind Familienmitglieder meist in den Entscheidungs-, Vorbereitungs- und Abschiedsprozess einbezogen. Seit Mitte des 19. Jahrhunderts befasst man sich wissenschaftlich mit Abschiedsbriefen. Was sagen die letzten Worte? Was verraten uns die Briefe über Gründe und Ursachen? Viele Fragen sind offen. Die Briefe selbst sind vielgestaltig und unterschiedlich. Manche Suizidanten schreiben nur ein paar Worte, andere informieren bloß über die Verteilung von Hinterlassenschaften. Manchmal ist nur der Ort angegeben, an dem die Leiche zu finden sein wird. Oder es heißt lakonisch: »Keine Abdankungsfeier, kein Grab.« Jemand flucht: »Ihr Saubande habt mich auf dem Gewissen.« Ein anderer bittet: »Macht euch keine Gedanken. Es ging nicht mehr.« Aber viele schreiben, was sie dazu gebracht hat, aus dem Leben zu scheiden. Bei den Abschiedsbriefen, die uns vorlagen, fanden wir: Einsamkeit, Sinnleere, Kapitulation vor den Herausforderungen des Lebens, Enttäuschung durch sich selbst oder andere, erlittene Kränkung und Zurückweisung, kein Entkommen vor der Depression, schamvolles Versagen und Scheitern, wirtschaftliche und juristische Probleme, Hoffnungslosigkeit und Verzweiflung.

An die Grenze gelangen

Wir haben zahlreiche Briefe von Menschen gelesen, die sich das Leben genommen haben. Es waren 61 Abschiedsbriefe, die einem größeren Datensatz entstammen, der alle 256 vollendeten Suizide aus dem Kanton Luzern von 2002 bis 2006 erfasst. Wir stellten fest, dass die Briefschreiber sich fast immer mit etwas auseinandersetzten, was wir Grenze nennen, nämlich damit, dass sie sich (1) an eine Grenze begaben, jenseits der Einbindung in die Verpflichtungs- und Handlungszusammenhänge des Alltags. Sie schreiben an der Grenze zum Tod. (2) Sie blicken an der Grenze zum Tod zurück auf ihr Leben und geben bestimmten Erfahrungen oder Begegnungen besonderes Gewicht. (3) Sie wenden sich an der Grenze zum Tod zum Kommenden hin; manchmal sehen sie das als Weg ins Freie, als Flucht, als Rettung oder Erlösung. Es hat uns beeindruckt, dass dieser Umgang mit der Grenze so oft vorkommt. Wir wollen das im Folgenden genauer ansehen und das dreifache Thema der Grenze im Abschiedsbrief so bestimmen:

- Dem Leben eine Grenze setzen.
- An der Grenze des Lebens zurückblicken.
- An der Grenze des Lebens ein Zukünftiges imaginieren.

Der Abschiedsbrief gestaltet die selbstgesetzte Grenze des eigenen Lebens. Der Autor verbindet (1) die Grenzsetzung, (2) den Rückblick sowie (3) Ausblick und Erneuerung. Wir wollen das an Beispielen veranschaulichen.

Dem Leben eine Grenze setzen

Die 50-jährige Frau J. K. spricht vom Abschied: »Abschied! Ich halte es nicht mehr aus. Das ewige Auf+Ab – Ich möchte mit dem Brief Abschied nehmen [...] Es ist alleine mein Wille.« Ausführlich auch die Grenzsetzung des 21-jährigen M. S., der den Suizid bereits in die Vergangenheit verlegt: »Es war Selbstmord. Denn ich wollte nicht noch mal eine Malerlehre anfangen. Ich bringe keine Kraft auf, weiterzuleben. [...] Bin eh zu faul für diese Welt.« Das ist eine überraschende und bestürzende Begründung; vermutlich hat M. S. oft gehört, er sei faul. Die 60-jährige Frau E. G. stellt nicht die Festigkeit ihres Willens ins Zentrum, sondern schreibt kurz: »Ich kann nicht mehr. Bei mir stimmte schon länger etwas nicht mehr.« Dies ist die Darstellung einer Kapitulation. Die Autorin streckt die Waffen. Herr M. Sch., 56-jährig, konstatiert: »Es gibt keine Entschuldigung, aber ich kann und will nicht mehr. Es hat alles keinen Sinn mehr.« Die Willensbekundung wird mit der Kapitulationsäußerung (nicht können) verknüpft.

»Es ist mein Schicksal«, schreibt Herr E. A., 53-jährig. Er ergänzt: »Im heutigen Umfeld ist es praktisch unmöglich, als Einmannbetrieb noch bestehen zu können [...] Ich sah wirklich keine Erfolgsperspektiven mehr! Die nötige Kraft fehlte einfach! Der tägliche Druck wurde für mich einfach unaushaltbar!« Herr E. A. hat alle verfügbare Lebenskraft investiert und muss doch kapitulieren, er sieht keine Chance mehr. Das

Leben zu beenden, ist hier der letzte Schritt einer tragischen Entwicklung. »Ich kann die mir vor 3 Jahren durch Frau S. mitgeteilte Kränkung, seelische Verletzung und die psychischen Schmerzen nicht mehr ertragen. Mein Leben ist nicht mehr lebenswert. Ich fühle mich nicht verstanden und verlassen«, schreibt Herr K. F., 61-jährig. Man hat sich nicht entschuldigt, es gab keine Wiedergutmachung. Damit kann er nicht weiterleben. Herr O. M., 50-jährig schreibt: »Es ist allein meine Entscheidung […] Warum wählte ich diesen Weg? Ich habe zu viele Fehler in meinem Leben gemacht und zu viel versagt. Deshalb trauert mir kein Mensch nach.« Herrn O. M.'s Entscheidung, das Lebensende herbeizuführen, entspricht einer Selbstverwerfung.

An der Grenze des Lebens zurückblicken

Herr S. M., 40-jährig, formuliert: »Glaubt mir, ich liebe euch, dich und die Kinder. Ihr könnt mir nicht helfen.« Dieser Briefschreiber spricht, wie zahlreiche andere, im Rückblick auf das Leben Liebe und Dankbarkeit gegenüber nahestehenden Menschen aus. Ähnlich A. R., 26-jährig, der aufschreibt: »Wir hatten eine gute und tiefgründige Beziehung zueinander, ich werde sie vermissen.« Ganz anders der 50-jährige E. S. Er zählt genau und namentlich auf, welche Personen ihn ausgenutzt und welche Ämter ihm gerechtfertigte Zahlungen verweigert haben. »Dann kam noch der Unfall dazu. Am 9.9.02 verließ meine Partnerin die Wohnung […] Dann kam noch der kleine Lohn dazu. N. N. nahmen mir das Auto weg, und ich konnte nicht mehr zur Arbeit gehen.« Der 40-jährige R. M. schreibt: »Sehr geehrte Frau P. Als ich damals bei Ihnen aussagte, sprach ich nur die Wahrheit aus. Dabei sagte man mir ja, dass eine solche Meldung meine Pflicht sei. Aber ich wusste schon damals, dass ich daran zerrissen werde.« Vermutlich war Herr R. M. ein Whistleblower, der in der Folge massiven Anfeindungen ausgesetzt war. Wenn die »Meldung« seine »Pflicht« war, muss es umso verstörender für ihn gewesen sein, wenn, wie angedeutet, ihm nachher niemand zur Seite stand.

Eine Zeile in Herrn F.'s bitterem Brief – wir haben auf ihn schon ganz am Anfang des Kapitels Bezug genommen – lautet: »Ich denke an *die Menschen, die meinen Tod auf dem Gewissen haben.*« Herr F. A., 39-jährig, erinnert die Adressatin seines Briefes, die Mutter, an ein leidvolles Leben, das beide teilten und das sie duldend hatten hinnehmen müssen: »Liebs Mutti. Du weißt, was wir alles mitgemacht haben. Nur dem Frieden zuliebe. Du weißt, was es heißt, alleine zu sein. Ich wollte dir nicht wehtun mit dem Entscheid.« Herr M. T., 46-jährig: »Das Letzte, was mir noch passieren konnte, war eine Frau, die für mich nicht besser hätte sein können, aber ich habe sie durch meine Eifersucht innert kürzester Zeit vertrieben. Ganz unschuldig ist sie aber nicht, sie hat mich auch gnadenlos hängen lassen.« Es sind noch frische Begebenheiten, die der Mann im Rückblick erwähnt. Eine Frau war in sein Leben getreten, eine Hoffnung tat sich auf, doch macht er die Chance zunichte. Kurzfristig hatte er Anlass zum Optimismus gehabt, dann jedoch zerschlug sich die Aussicht, durch eigenes Verschulden, doch auch durch das der Frau. Herr R. Z., 23-jährig, formuliert in sich steigernder Emphase den Hass auf seine Mutter und schreibt unter anderem: »Du hast mir nie gegeben, was ich brauchte. Du hast mir die Ferien nicht gegönnt. Du hast mir das Studium nicht gegönnt, ja, du hast mir nicht einmal meine Freundin gegönnt [...] Ich glaube, ich bin keinem anderen so verwerflichen Menschen wie dir in meinem ganzen Leben begegnet.«

An der Grenze des Lebens ein Zukünftiges imaginieren

Viele Briefe sprechen vom »Ende«, sehr wenige benutzen das Wort »Tod«. Der Begriff »Leichnam« kommt einmal vor, in der Formulierung der Bitte: »Streut die Asche meines Leichnams unter einen Baum im Wald« (H. L., 79-jährig). Doch beherrscht nicht der »Leichnam« das Ende des kurzen Briefes, sondern die Frage: »Was gibt es Schöneres, als mit viel Liebe im Herzen zu sterben?« Herr K. F., 61-jährig, endet sein langes verzweifeltes Schreiben in englischer Sprache: »Let's hope there is a better life after this!!!« R. Z., der junge Mann, der seine Mutter verurteilt, schreibt: »... ob in der Hölle der Erde oder in der richtigen Hölle kommt wohl nicht so drauf an. Du wirst früher oder später wieder bei mir auftauchen.« Eine beachtliche Reihe anderer Briefschreiber bringen Wendungen unter, in denen sie eine Wiederbegegnung mit geliebten Personen nach der Beendigung ihres irdischen Lebens in Aussicht nehmen. »Auf Wiedersehen! Im Himmel«, schreibt Herr J. B., 78-jährig. Frau S. K., 21-jährig, sieht sich als »Schutzengel« der Mutter.

Der 26-jährige A. R. formuliert genauso wenig wie die anderen Autoren ausdrücklich religiöse Glaubensbezüge, doch imaginiert er unter der Hand »diese Welt« und eine »andere Welt«. »[...] tief in mir drin musste ich [...] feststellen, dass ich in dieser Welt nie glücklich werden konnte. Zu viel Wünsche und Sehnsüchte, die hier nie befriedigt werden können. Ich bin deshalb wieder auf eine Reise gegangen, diesmal aber auf die letzte Reise, von der ich nie mehr in eure Welt zurückkehren kann. ... Wenn du dies liest, bin ich schon in einer anderen Welt. Wir hatten eine gute und tiefgründige Beziehung zueinander, ich werde sie vermissen.« AR wird den Freund in jener »anderen Welt« vermissen. Das Ende »hier« ist kein Ende für alle Zeit.

A. R. bittet den Freund außerdem, für ihn ein großes Abschiedsfest mit Schifffahrt auf dem See zu veranstalten; bei »voller Fahrt« soll dann die Asche in einem »Steinbehälter« ins Wasser geworfen werden und auf den Grund des Genfer Sees gelangen. Ein Stirb und Werde: in die Tiefe des Wassers gelangen, aus dem Wasser wiedergeboren werden. Der Autor gebraucht auch das Bild der »Reise«. Eine »letzte Reise« tritt er an.

Die Bildlichkeit der Reise und des letzten Weges kommt häufig vor. Améry spricht vom »Weg ins Freie«. Er spricht auch von »Erlösung«, ganz ähnlich wie es viele der Autoren unserer Briefsammlung tun. Sie wollen erlöst sein von dem, was sie als chronische oder sich ins Unerträgliche steigernde Überforderung erleben, erlöst auch von Depression, quälender Eifersucht und – in Übereinstimmung mit den Studien Henselers – von massiven Kränkungen. Und sehr oft wird ein ewiger »Schlaf« ersehnt. Viele Autoren, die den seligen Schlaf erwarten, sehen sich im jetzigen Leben in furchtbarer Unruhe und in ausweglosem Kampf; sie wollten ihre Firma retten, Ersparnisse zurücklegen, ein guter Familienvater sein, eine Karriere vorantreiben, aber vergeblich. Sie sind im wahrsten Sinne zu Tode erschöpft. Und eigentlich geht es um die Wohltat eines für immer ungestörten Schlafs, nicht um das biologisch definitive Ende.

Eindrucksvoll ist die Vorstellung von einem anderen Leben, die Herr F., der uns schon anfangs beschäftigt hatte, entwirft. »Wenn ich mein Leben noch einmal leben könnte. Ich würde versuchen, mehr Fehler zu machen. Ich hätte nicht den Anspruch, immer perfekt sein zu wollen. Ich würde mehr ausruhen [...]. Ich würde wenig Dinge wirklich ernst nehmen. Ich wäre weniger hygienisch [...]. Ich würde mehr Sonnenuntergänge anschauen, auf mehr Berge steigen und in den Flüssen schwimmen [...]. Ich hätte mehr reale und weniger eingebildete Probleme. Ich bin jemand, der immer vernünftig sein wollte.« Ein unbeschwertes Leben war aber wohl nicht möglich, weil Herr F. sich Beschuldigungen ausgesetzt sah, die ihm und seinem Ruf schwer geschadet hatten und ihn in chronische Verbitterung stürzten.

Der Schritt über die Grenze

Der Schritt über die Grenze des Lebens hin zum Tod erscheint in vielen Briefen als Erlösung, Ruhe, Schlaf, ein anderes Leben, überhaupt ein Anderes. Auch werden wunscherfüllende Vorstellungen deutlich, die einen Zustand der Befreiung beschwören, Befreiung von den Lasten, Pflichten und Überforderungen des Lebens, die zur unerträglichen Bedrängnis wurden oder zu werden drohten. Wünsche kommen zum Ausdruck, nach dem Tod noch immer wichtigen Menschen Liebe geben zu können – oder aber Genugtuung für Leid und Unrecht zu erhalten. Gute oder böse Wünsche können Angehörigen zum Abschied als Segen oder Fluch vermittelt werden. Manchmal wird klar, dass die Selbsttötung eigentlich ein Todeswunsch ist, der einer Person gilt, der man mit Hass oder Groll gegenübersteht. In diesem Fall verfluchen die Briefschreiber geradezu Personen, von denen sie Leid erfahren haben; und sie legen Hand an sich selbst, um den anderen tödlich zu attackieren. Die suizidale Handlung, so vermittelt es die Lektüre der Briefsammlung, soll eine Erneuerung ermöglichen. Etwas Neues, das in jedem Fall besser ist als das Leben, das man verlässt.

Wenn wir an Frau Anderegg denken, über die wir im ersten Kapitel gesprochen haben, jene seelisch so verdüsterte Bewohnerin eines Alters- und Pflegeheims, die Kontakt mit einer Sterbehilfeorganisation aufgenommen hatte, so würden wir nicht auf den Gedanken kommen, dass sie Vorstellungen von etwas Neuem hat, das im Zusammenhang mit ihrem Sterben entstehen könnte. Vielmehr soll gerade nichts bleiben, nichts an sie erinnern. Denn sie selbst sei nicht wichtig. Verstreute Asche im Wald, nichts sonst. Doch schien uns Frau Anderegg, die so wenig Freude am Leben vermittelte, an etwas zu leiden, und zwar am teilweise unterdrückten Gefühl, abgeschoben und ihren Lieben nicht mehr wichtig zu sein. Wenn sie das Nicht-mehr-wichtig-Sein nun aber selbst in die Hand nimmt, sozusagen den Spieß umdreht, selbst alles tut, um sich mit eigener Hand und nach eigener Bestimmung auszulöschen, muss sie nicht dulden, sondern greift selbst ein. Damit wird die Auslöschung zu einem Mittel der Selbstbewahrung.

Ganz anders ist das bei Herrn B. K., 50 Jahre alt, dessen »Seele«, wie er verzweifelt schreibt, »wahnsinnig durchgeknetet« wurde; auch Schlafmittel helfen nicht, er habe viele »Fehler gemacht« und »schwarze Flecke auf der Seele«. Seine Verantwortung für Patienten im Spital könne er kaum noch wahrnehmen. Das Schlimmste aber sei, dass er seine über alles geliebte Frau, eine Japanerin, mit der er 22 Jahre lebte und zwei Kinder hat, unglücklich gemacht habe. Er fleht mehrfach um Verzeihung. Die einzige Möglichkeit sei, auch für seine Frau, sein Tod. »Wenn ich dann weg bin, dann kann sie ja beginnen.« Er bittet um eine Feuerbestattung und darum, »die unglücklichen Reste nach Japan zu überführen«. Er bittet alle japanischen Verwandten um Verzeihung. »Ich wünsche euch allen bald wieder ein frohes Leben«, schreibt er. Seine Unterschrift: »Beatus« – der Glückliche. Herr B. K., der meint, Schuld auf sich geladen zu haben und für familiäres Unglück verantwortlich zu sein, will keineswegs vergessen werden, sondern nach einem Ableben im Heimatland der Ehefrau und bei ihrer Familie einen würdigen Platz finden. Mit Hillman könnte man sagen, dass es sich hier um den Versuch handelt, einen wichtigen Entwicklungs- und Veränderungsschritt zu tun, den Schritt, die Freiheit und Selbstbestimmung der Frau zu akzeptieren und sich selbst neu zu orientieren – doch es geht dann nur über den Tod, den eigenen Tod.

Ein Beispiel – in der notwendigen Verfremdung, Kürzung und Verschlüsselung – kann diesen Gedanken verdeutlichen. Es geht um einen jungen, im künstlerisch medialen Bereich bereits erfolgreichen und in der regionalen Öffentlichkeit beliebten Mann mit verheißungsvollen Zukunftsaussichten, sozial gut integriert, der seinem Leben ein Ende setzte und einen außergewöhnlich langen Abschiedsbrief verfasste. Auch er schreibt, wie wir an den vorangegangenen Beispielen bereits veranschaulicht haben, an der Grenze: im Wissen um den feststehenden Entschluss, im Blick zurück und im Blick auf ein Künftiges. Doch geht dieser Brief noch weiter: Ein Freund, Adressat des Abschiedsbriefs, soll eine informelle Seebestattung vornehmen, die Abschiedsfeier gestalten, sein Vermächtnis ehren und bewahren, den Besitz hüten und verteilen und Wichtiges weitergeben. Er soll die Regelung allfälliger Kosten übernehmen und die notwendigen Behördengänge machen. Der Briefschreiber spricht anfangs von den Gründen für den Entschluss, Hand an sich zu legen. Den größten Raum nimmt sodann die Planung dessen ein, was nach seinem Tod geschehen soll. Der Adressat soll dafür die Verantwortung übernehmen und alles in die Wege leiten. Der Brief ist in seiner Besonderheit eindrucksvoll, weshalb wir ihn trotz seiner außergewöhnlichen Länge mit nur wenigen Kürzungen vorstellen wollen.

»Liebster Robert
Wir haben leider nie richtig darüber gesprochen, wieso ich vor zwei Jahren eigentlich weg bin nach Spanien. Und dass dies der Anfang meines Endes war. Ich bin zurückgekommen und habe Karl gefunden und viele liebe Freunde wie dich. Einen Job, neue Wohnung etc. Eigentlich hatte alles gestimmt, trotzdem tief in mir drin musste ich abermals feststellen, dass ich in dieser Welt nie glücklich werden konnte. Zu viele Wünsche und Sehnsüchte, die hier nie befriedigt werden können. Ich bin deshalb wieder auf eine Reise gegangen, diesmal aber auf die letzte Reise, von der ich nie mehr in eure Welt zurückkehren kann. Jetzt habe ich keine Kraft mehr, weiter zu suchen. Wenn du dies liest, bin ich schon in einer anderen Welt. Wir hatten eine gute und tiefgründige Beziehung zueinander, ich werde sie vermissen. Genauso wie du, und natürlich verstehe ich die Fassungslosigkeit, die du jetzt fühlen musst. Trotz all dieser schmerzhaften Gefühle würde ich dich gerne ein letztes Mal um etwas bitten. Du weißt, dass ich dir bei unseren Partys und auch sonst immer vertraut hatte, und mich immer auf dich verlassen konnte. Ich konnte dich einfach machen lassen und wusste, es kam schon gut, auch wenn ich nicht dabeistehen würde. Um was ich dich jetzt bitte, dabei werde ich dir ebenfalls nicht beistehen können und mich auf deine Umsicht verlassen: Ich wäre froh, wenn du mir ›das letzte Geleit‹ geben könntest. Damit meine ich, dass meine Überreste (nämlich verbrannt) dorthin kommen, wohin sie sollen (nämlich samt einem Steingefäß in den Genfer See). So schwer es dir fallen muss, bitte ich dich jetzt hiermit auch, für mich eine kleine Feier zu veranstalten (und z.B. mein Buch abzugeben). Ich bitte dich um all dies, weil meine Familie schon wegen der unheilbaren Krankheit meiner Mutter leiden muss, und nun

auch nach meinem Schicksal nie die Kraft finden würde, dies alles so zu organisieren, wie ich es gern möchte.«

Es folgen umfangreiche und detaillierte Angaben zu notwendigen Behördengängen.

Der Weg zum Zivilstandsamt

»Die Polizei wird sich bei dir melden und ein Arzt dir eine Todesbescheinigung ausstellen. Zwei Tage später musst du diese Bescheinigung zum Zivilstandsamt mitnehmen und mich quasi ›abmelden‹. Hier wird auch die Art der Bestattung abgeklärt.«

Bestattung

»Ich will weder eine Bestattungszeremonie noch eine Trauerfeier, noch ein Grab oder eine Urne in einem Friedhof. Das Zivilstandsamt ist konfessionsneutral und akzeptiert dies. Ich will, dass mein Körper verbrannt wird und in einem einfachen Steinbehälter dir übergeben wird. Auf Leidzirkulare oder Todesanzeige in einer Zeitung will ich verzichten. Bitte kläre auch ab, wer (Einwohnergemeinde, Sozialamt) die Kosten für das Verbrennen übernimmt. Ich oder meine Eltern sind nicht im Stande, etwas zu zahlen. Sorge unbedingt dafür, dass es auch dich nichts kostet.«

Abschiedsfeier

»Es soll Abschiedsfeier heißen und nicht Trauerfeier. Ich stelle mir vor, dass einige Tage (eilt ja nicht) nach dem Verbrennen du die wichtigsten Leute (Liste liegt bei) auf ein Schiff bittest und ihr bei voller Fahrt meinen Behälter mitten in den See werft. Das ist zwar sicher nicht erlaubt, aber ich würde gerne so am Grund des Genfer Sees liegen. Danach habe ich mir eine richtige Party mit Konzert und Band vorgestellt. Dort möcht ich auch, dass du mein Buch gratis verteilst. Eine Türkollekte kann allfällige Ausgaben decken [...].«

Was bleibt

»Die druckfrischen Bücher hast du ja schon. Meine wenigen Habseligkeiten [...] aus der Wohnung habe ich Karl geschenkt, ebenfalls soll er das Auto erhalten. Solange er nicht selber fahren kann und nicht weiß, wie ihn unterhalten, kann er ja auf deinem Namen bleiben und ihr könnt ihn zusammen benutzen. Alle Steuern [...] habe ich einbezahlt. Auf jeden Fall musst du den Wagen auf ihn überschreiben, sobald er das will.

[...]

Ich hoffe, mit dieser meiner letzten Bitte überfordere ich dich nicht. Aber jemand muss es ja machen und ich bin mir einfach sicher, dass du dazu am besten in der Lage bist. Ich danke dir dafür, und natürlich auch für die schöne Zeit, die wir zusammen verbracht haben.

Dein Tom«

Wie mag es dem Empfänger des Briefes bei der Lektüre gehen? Wie mag er sich in der ihm zugedachten Rolle fühlen? Er hat viele Aufgaben, die ihm schwer auf die Seele fallen mögen, er ist nicht nur trauernder, vielleicht verstörter und bestürzter Freund, sondern auch derjenige, der, Toms Willen folgend, die Verantwortung für die Gestaltung des letzten Geleits, auch für Angehörige und Gäste, hat, er hat auch Hinterlassenschaften zu verteilen, er muss die aus Toms Sicht überforderte Familie entlasten und hat ungewisse Finanzierungsprobleme – woher kommt das Geld für Verbrennung, Urne, Fest und Schifffahrt? – zu lösen.

Tom bestimmt, Robert muss ausführen. War das auch im Leben so? Das Schreiben vermittelt den Eindruck von einer Persönlichkeit, die den Ton angeben wollte, vielleicht auch anzugeben wusste, die Einfluss ausüben wollte in der Welt und der das - sogar ein Buch ist entstanden und soll verteilt werden – vermutlich auch gelang. Eine Persönlichkeit, die eine geschichtliche Spur hinterlässt - man soll ihrer gedenken, ein besonderes Fest des Gedenkens soll stattfinden. Im Steingefäß sinkt er, zu Asche verbrannt, auf den Wassergrund, in einer prachtvollen Weltgegend. Ruhend als ein Schatz in der Tiefe des Sees, hinabgesunken an einen mütterlichen Ort. Tom muss im Leben initiativ gewesen sein, muss es verstanden haben, anzuordnen und andere für die eigenen Anliegen einzusetzen. Er hatte etwas zu sagen, sogar in einem Buch, und galt als Person mit großen Aussichten. Was für ein Jammer, dass er dieses Potenzial nicht weiterhin einsetzen und nicht in Auseinandersetzung mit sich selbst bleiben konnte und wollte. Tom glaubte, im Leben nicht Erfüllung finden zu können, glaubte, dass die Welt seiner Sehnsucht nicht ausreichend entgegenkommen würde. Eine arme Welt, zu dürftig, um seinen Wünschen zu genügen. Es bleiben Enttäuschung, Leere, Überdruss. Und dann kommt der Traum vom Großen Abgang, der als kunstvoll erdachtes Drama auf dem Genfer See festlich aufgeführt werden soll. Die Phantasie vom Großen Abgang ist so selten nicht, gerade heute, da junge Leute sich im Internet über suizidale Todesarten intensiv austauschen.

Das 20. Jahrhundert der Weltkriege, der Demontage von Autoritätstraditionen und der säkularen Demokratisierung hatte bereits eine europäische Kunst und Literatur hervorgebracht, die reich ist auch an religiösen Motiven. Menschliche Existenz erscheint in komischer oder tragischer Fragilität. Sie kommt als beschädigt, als Schwundform, als todverfallen ins Bild. Es geht um Lebensmüdigkeit und um menschliche Existenz, die sich aufgeben will. Freud spricht in seiner Abhandlung »Jenseits des Lustprinzips« (1920) vom »Todestrieb« als machtvollem und stumm wirksamem Drang, das eigene Absterben herbeizuführen. Dieser Drang, sich selbst und andere auszulöschen, ist unter bestimmten krisenhaften Bedingungen mächtiger als der »Lebenstrieb«, das Verlangen, Leben zu erhalten, zu vermehren, zu erneuern, zu erweitern. Ersteres, der »Lebenstrieb«, ist eine krafterfüllte Bewegung des Gedeihens, der Entwicklung, der Reife, der Individuation, der Selbstvollendung des Einzelnen oder einer Gemeinschaft; Letzteres, der »Todestrieb«, eine von innen heraus wirksame Bewegung des gewaltsamen oder leisen Verlöschens, der unbedingten Preisgabe an die Destruktion. Diese Idee bleibt bis heute innerhalb und außerhalb der Psychoanalyse umstritten. Ob Tom vom Todestrieb geleitet war? Oder ob es doch viel mehr um eine höhere und intensivere Qualität von Leben ging? Tom, der junge Mann, der am Anfang des Erwachsenenlebens steht, sagt dem Leben ab und lässt sich festlich aufnehmen in das Lebenselement Wasser und in die Natur, so, als gehe es eigentlich um eine Wiedergeburt.

Angehörige und die letzte Nachricht

Wer durch Selbsttötung seinem Leben ein Ende setzt, ist für niemanden mehr erreichbar, für Hinterbliebene aber hat die Selbsttötung nachhaltige Wirkung. Hinterbliebene finden manchmal einen Abschiedsbrief vor. Es kann ein Vermächtnis sein, das Tatsachen für die Zukunft schafft, das Regeln für die Verteilung von Gütern formuliert; es kann ein letzter Gruß sein, der Verfasser kann sich rechtfertigen oder entschuldigen wollen; Verzweiflung und Not können im Schreiben deutlich werden; oder Hass, Wut und Verachtung kommen zur Darstellung; der Autor kann schwere Anklagen erheben, massive Schuldvorwürfe machen, Fluch und Verdammnis aussprechen. Und schließlich kann er sich in rätselhaften Botschaften oder kryptischen Artikulationen an ein persönliches oder anonymes Gegenüber wenden.

Wenn der Verstorbene seine Angehörigen nicht stumm, sondern mit einem Abschiedsbrief verlassen hat, dann gibt es etwas, das sie lesen und deuten können. Manchmal stellen Angehörige die letzten Nachrichten der Verstorbenen ins Internet, wie die Mutter unter dem Titel »In Memoriam an KillaHra«, die auf der Startseite einleitend schreibt: »Können wir es verhindern, dass ein junger Mensch sich das Leben nimmt? Kann man etwas unternehmen, um Kindern klarzumachen, dass Freitod nicht als die Lösung für die Probleme geeignet ist? Es ist kaum zu glauben, aber es werden heutzutage erschütternd viele Suizide begangen – speziell von den heranwachsenden jungen Leuten. Jan Peter war einer von diesen Menschen – niemand in seiner Umgebung wusste von seiner Resignation, von der Angst vor dem erwachsenen Leben, von der bedingungslosen ersten Liebe – und von der Entscheidung, sich an seinem 18. Geburtstag von der Gesellschaft zu verabschieden.« Sie hat den Verlust ihres Sohnes hinnehmen müssen. Sein Leiden endete, das ihre fing an.

Während sich der Sterbewillige bereits vom Angehörigen verabschiedet hat, kann der Abschiedsbriefleser sich nicht mehr direkt verabschieden. Den Angehörigen und Freunden sind nur Worte geblieben, zu denen sie sich keine weiteren Stellungnahmen erhoffen können. Das belastet die Angehörigen zusätzlich. Eine besondere Herausforderung stellen die Schuldgefühle dar, denen sich viele Hinterbliebene ausgesetzt sehen, Schuldgefühle, die äußerst schwer zu bewältigen sind und die Gefahr einer depressiven Entwicklung mit sich bringen. Es geht um beratende oder therapeutisch unterstützende Angebote, in denen eine Auseinandersetzung mit dem radikalen Verlassenwerden, der bestürzenden Tatsache, dass ein Angehöriger, ein vertrauter Mensch sich radikal entzogen hat, möglich würde. Es gibt Internetplattformen (z. B. Refugium – Verein für Hinterbliebene nach Suizid: www.verein-refugium.ch), die deutlich machen, dass Betroffene ein großes Anliegen haben, nachträglich Abschied zu nehmen, nachträglich zu antworten, ihrerseits einen Brief zu verfassen und vor allem, nachträglich gemeinsam im Austausch mit einem unterstützenden Dritten den Verlust zu betrauern und Abschied zu nehmen.

Therapeutische Gruppen oder Begegnungsgruppen verwaister Angehöriger nach Suizid haben eine eigene Dynamik, die zu beachten ist, wenn man als Therapeut oder Berater den Angehörigen begegnet. Die Gefühle und Gedanken der Hinterbliebenen sind widersprüchlich: Die Betroffenen werden von Schuldgefühlen gequält und sehen sich andererseits gedrängt, dem Verstorbenen verzweifelte Vorwürfe zu machen. Aber weder erreichen die Vorwürfe den Adressaten noch lassen sich Schuldgefühle klären; nichts lässt sich wiedergutmachen oder korrigieren.

Die gegenseitige Anteilnahme in der Gruppe ist hilfreich. Zugleich besteht das Risiko gemeinsamen Verharrens im Schmerz. Wie damit umgehen? Nie ist es angebracht, den Angehörigen ihre Gefühle auszureden oder sie zu beschwichtigen. Sinnvoll ist es zu fragen: Wie sind Sie bisher damit umgegangen? Was hat Ihnen geholfen? Was weniger? Oft ist die

Gruppe anderer Betroffener eine wichtige Ressource als Selbsthilfe-Potenzial, gerade wenn es um die Zwiespältigkeit der eigenen emotionalen Reaktionen geht. Bei jeder Trauer um eine verstorbene Person stellt sich die Frage: Was bin ich ihr schuldig geblieben? Hier aber taucht die Schuldproblematik mit größerer Wucht auf, oft wiederkehrend. Die anderen in der Gruppe haben vielfach schon am eigenen Leib erlebt, wie sie dem Suizidanten seinen Tod ›lassen‹, ihn verabschieden konnten. Wenn aber der Schmerz, vielleicht auch die Schuldgefühle wiederkehren, etwa an einem Jahrestag, dann ist das Aufheben- und Verwandelnkönnen in der Gruppe (containing) ein wichtiges, oft tröstliches Trauerritual.

Wer sich aus Kummer *das Leben nimmt*, es vor der Zeit *weggibt*, löst meist auch bei den ›Hinterbliebenen‹ Kummer und Unsicherheit aus, aktiviert das Bindungssystem. Sicher sein heißt: ohne Kummer, ohne Sorge sein (lat. *securus*: ohne Sorge [cura]). Diese Sicherheit wird bei den verwaisten Angehörigen und Freunden des Suizidanten erschüttert. Mit aller Macht taucht die Sinnfrage auf und damit eine spirituelle Krise. Spiritual Care ist ein neuer Ansatz der therapeutischen Berufe, der sich derartigen Krisen stellt. Spiritual Care ist das verbindende Thema aller Kapitel dieses Buches. Im nächsten Kapitel soll der Begriff »Spiritual Care« geklärt werden.

Viertes Kapitel

Spiritual Care – Für die Seele sorgen

Anfang der 1950er-Jahre formulierte der Jesuit Gerald H. Fitz-Gibbon seine Vorstellungen über Spiritual Care in der Pflege: Genauso wie die Krankenschwester beim Herz-Kreislauf-Stillstand zu Wiederbelebungsmaßnahmen verpflichtet ist, bis der Arzt eintrifft, soll sie auch »spirituelle Erste Hilfe« leisten, bis der Priester am Bett eines Sterbenden ankommt. Denn: »Wenn eine Pflegemaßnahme falsch durchgeführt wird, hat dies schlimmstenfalls den Tod des Patienten zur Folge; wenn eine Spiritual-Care-Maßnahme versäumt wird, kann dies den ewigen Tod der Seele bedeuten.«[43] Den Begriff »Spiritual Care« verwendete FitzGibbon in Analogie zu »Medical Care«/»Nursing Care«, um zu fordern: Wie Pflege und Medizin sich um den kranken Körper kümmern, so müssen sie auch seel-sorgend sein, bis der hauptamtliche Seelsorger eintrifft. »Spirituelle erste Hilfe« soll mit FitzGibbon die Seele retten. Auch für Viktor Frankl hat die spirituelle Hilfe als »Ärztliche Seelsorge« (1946) große Bedeutung, hier nicht als Werk der »Rettung«, doch als Befreiung hin zu seiner geistigen Existenz.[44]

Die heutige Verwendung des Begriffs »Spiritual Care« ist – auch im deutschen Sprachraum – stark geprägt durch Palliative

Care und dabei vor allem durch das Denken, Leben und Handeln der englischen Ärztin und Krankenschwester Dame Cicely Saunders (1918–2005), die physische, psychosoziale und spirituelle Betreuung Sterbender als Einheit sah.[45] Darin ist ihr die Weltgesundheitsorganisation in ihrer Definition von Palliative Care gefolgt. Außerdem legte Saunders besonders großen Wert auf die inter-professionelle Teamarbeit. Trotz der professionellen Spezialisierung, die gerade in der Medizin sehr weit fortgeschritten ist, haben alle Glieder des Behandlungsteams eine Basiskompetenz, eine gemeinsame Aufgabe. Dies gilt für Palliative Care, das heißt für die Betreuung schwer Kranker und Sterbender und von deren Angehörigen, aber auch für Spiritual Care.

Der Gedanke der interdisziplinären und transdisziplinären Zusammenarbeit ist für Spiritual Care in den Gesundheitsberufen sehr wichtig: Sie alle haben eine spirituelle Basiskompetenz, die nicht an die Seelsorge »abdelegiert« werden kann. Die verschiedenen therapeutischen Disziplinen bringen ihre jeweilige Spezialität »interdisziplinär« in das Team ein; zugleich gibt es auch eine gemeinsame, »transdisziplinäre« Aufgabe, für welche die jeweiligen Besonderheiten keine Rolle spielen. Niemand muss Angst haben, dass ihm etwas weggenommen wird, wenn ein anderes Mitglied des Teams die (gemeinsame) Basiskompetenz wahrnimmt, vielleicht dadurch, dass der Patient sich seine spirituelle ›Lieblings-Begleitung‹ selbst auswählt, eine Person, zu der er Vertrauen hat, nicht nur aufgrund der professionellen Rolle, sondern wegen der guten zwischenmenschlichen ›Passung‹.

In einem grundlegenden, allgemeinen Sinn haben Ärzte, Psychotherapeuten usw. eine »seelsorgende« Aufgabe. Dies ändert nichts an der hohen Qualifikation und Spezialkompetenz, die Seelsorgende im deutschen Sprachraum haben. Wertschätzung und die Möglichkeit, Patienten auf den Dienst der Seelsorge hinzuweisen, werden vielmehr gestärkt, wenn *alle* Mitglieder des Behandlungsteams eine spirituelle Basiskompetenz bei sich entdecken und entwickeln.

In Spiritual Care geht es darum, Auge und Ohr für die Ausdrucksformen des seelischen Lebens zu öffnen und ihnen Gestaltungsraum in der Beziehung zu geben. Dies haben wir in diesem Buch bereits an vielen Beispielen gesehen. Frau Rubinova etwa interessiert sich für die vielfältigen spirituellen Suchbewegungen ihrer Zeitgenossen, und sie versucht selbst, Kraft aus den eigenen jüdischen Wurzeln zu schöpfen. Sigmund Freud stand diesen religiösen Wurzeln skeptisch gegenüber. Er wollte nicht, dass seine Frau Martha am Freitagabend Kerzen entzündete, um den Schabbat zu begrüßen. Offensichtlich hatte Martha diesen Ritus jedoch so verinnerlicht, dass sie ihn nach Sigmunds Tod auch äußerlich wieder aufgriff. Herr Überreuther, von dem wir hörten, dass er auf einer Türkeireise starb, seiner letzten, liebte zeit seines Lebens Reisen: in die unberührte Natur, zu indigenen Völkern, zu fremden Spiritualitäten.

Spiritualität kann für fremde, exotische, ja: esoterische Erfahrungswelten stehen, die heute en vogue sind. Aber auch die eigene religiöse Tradition hat einen spirituellen Kern, der vielleicht lebendig ist, vielleicht auch verschüttet. Wenn wir in der spirituellen Anamnese kranke Menschen fragen, ob sie sich als »gläubig« bezeichnen, antworten die meisten mit »ja«, auch die religionslosen, kirchenkritischen und kirchenenttäuschten. Nicht alle nennen ihr Gläubigsein selbst »spirituell«. Der in Medizin, Pflege und Psychotherapie verwendete Spiritualitäts-Begriff ist jedoch so weit, dass er alle Sinnentwürfe aus Religionen, Weltanschauungen und Philosophien umfasst, auch den Sinnentwurf des Atheisten.

Vielleicht haben Gläubige heute mehr Vertrauen in die Barmherzigkeit Gottes als FitzGibbon, der die Seelen bei versäumtem Spiritual Care in der Hölle enden sah. Vielleicht hat aber auch die Sensibilität für den Wert der Seele abgenommen. Am Lebensende ist die Seele wichtig, was aber nicht heißt, dass die Sorge der Gesundheitsberufe um die Seele erst am Lebensende beginnen darf. Aus diesem Grund hat Palliative Care für Spiritual Care eine *exemplarische* Bedeutung, nicht jedoch eine *exklusive*. Mit anderen Worten: Die Seele spielt für Krankheit und Gesundheit eine Rolle, solange wir leben, nicht erst beim Sterben. Zunehmend wird dies auch in verschiedenen Fachgebieten wahrgenommen, zum Beispiel in der Neonatologie, in der Kardiologie, der Behandlung von Demenzen, in der Psychotherapie und in der Notfallmedizin.

Was aber genau ist »spirituell« an der Arbeit der Gesundheitsberufe? Dies kann durch eine einfache Formel verdeutlicht werden:

T k P (*T*: Therapeut[in], Pflegende usw.; *k*: kümmert sich um; *P*: Patient[in]).

Diese Formel gibt allgemein die Arbeit der Gesundheitsberufe wieder. *P*, *k* und *T* haben jeweils spirituelle Qualität. Für gewöhnlich schauen wir auf die Bedürfnisse der Patienten, vor allem in der Pflege. Deshalb liegt es nahe, dass *P* spirituell ist; wir gehen davon aus, dass für *P* der Bereich des Spirituellen, zugeschnitten auf seine Persönlichkeit, auf seinen persönlichen Sinnentwurf, bedeutsam ist, dass wir auf *Ps* spirituelle Bedürfnisse, Präferenzen, Belastungen usw. achten und entsprechende therapeutische Angebote machen müssen. Spirituell ist jedoch auch *k*: Das Sich-Kümmern (Caring) hat eine spirituelle Dimension, auch wenn davon nicht explizit gesprochen wird. Diese spirituelle Dimension besteht in der Qualität der Präsenz, des Zuhörens, der Achtsamkeit. Dies kann gewissermaßen beiläufig geschehen, zum Beispiel bei der Grundpflege oder beim Essenausteilen oder auch beim sogenannten Small Talk, der plötzlich existenzielle Fragen berührt. Am wenigsten eingeübt, aber doch von hoher Bedeutung ist, dass auch *T* eine spirituelle Qualität hat. Die Spiritualität der helfenden Berufe wird allmählich als eine Ressource oder Kraftquelle entdeckt, nicht nur, um Patienten besser zu helfen, sondern auch wegen der eigenen spirituellen Basis, der Verbindung der persönlichen Biografie mit der Motivation für einen heilenden Beruf.

Spiritual Care im Pflegealltag kann zum Beispiel wie folgt aussehen:

»Heute ist Frühlingsanfang«, sagt der Pfleger lächelnd zu Frau Küster, die schwach und bleich auf der Pflegestation liegt, »ich bringe Ihnen die ersten Tulpen aus unsrem Garten. Damit es ein richtiger Frühlingstag für Sie wird.«

Herr Otto kann nach seinem Schlaganfall schon lange nicht mehr sprechen. Die Seelsorgerin ist auf den Gedanken gekommen, zusammen mit Angehörigen ein Fotobuch für ihn zu gestalten. Sie sitzen im Krankenzimmer, haben das Köfferchen mit den Fotos dabei und wählen aus. Zu einzelnen Fotos erzählt ein Angehöriger dem Kranken jeweils die Geschichte. Ein farbiges Werk entsteht.

Frau Zell ist müde und traurig. »Ich bin froh, hier im Heim zu sein. Wie lange wird es noch gehen? Ich hätte gern einen Mann und Familie gehabt. Aber ich bin allein geblieben. Warum? Man sagt mir: Dein Leben ist erfüllt. Es ist gut, wie es war. Aber es quält mich zu denken, dass ich niemandem wirklich wichtig sein konnte.« Ihr kommen die Tränen. Die junge Pfarrerin fühlt sich hilflos und bedrückt. Und dann sagt sie: »Wir sehen uns jede Woche hier und reden miteinander. Sollen wir zusammen eine Liebesgeschichte schreiben?«

Frau Leist ist eine zierliche Frau mit großen Augen und feinen Gesichtszügen. Immer ist sie nervös und gespannt, unruhig und unsicher. »Ich sende immer ein kleines Stoßgebet zum Himmel, wie früher, als ich klein war. Ja, es sind alte Kindergebete. Ich brauche das, um mir Mut zu machen. Ich bin schüchtern und meine immer, dass mir etwas Dummes und Peinliches passiert und die anderen über mich lachen.« – »Und ich bin immer froh, wenn ich zu Ihnen komme«, erwidert der Besucher, »wir sprechen oft über das Ende des Lebens, aber dann kann ich auf einmal mit Ihnen lachen. Mit Ihnen, nicht über Sie.«

Und was haben Spiritual Care und Spiritualität nun mit Religion zu tun? »Spiritualität« gilt in den Gesundheitswissenschaften als der umfassende Begriff. Spiritual Care benötigen nicht nur religiöse Menschen. Auch Patienten, die einen religiösen Glauben oder die Zugehörigkeit zu einer religiösen Gemeinschaft verneinen, stellen sich die Frage nach dem »Warum?«, nach dem Sinn von Krankheit und Sterben. Sie haben das Recht auf unsere Begleitung, auch dann, wenn sie nicht mit dem Seelsorger sprechen möchten. Deshalb muss Spiritual Care interreligiös und überkonfessionell offen sein, um der Vielfalt spiritueller Orientierungen bei Patienten, aber auch bei den Gesundheitsberufen zu entsprechen.

Ist seelisches Leben der Macht der Anderen ausgesetzt, die sich ›seelsorgend‹ um ihre kranken Mitmenschen kümmern wollen? Michel Foucault kritisiert heftig die Macht, ja: den

Machtmissbrauch, der mit der spirituellen Begleitung, vor allem mit der christlichen Seelsorge einhergeht:

»Man sage nicht, die Seele sei eine Illusion oder ein ideologischer Begriff. Sie existiert, sie hat eine Wirklichkeit, sie wird ständig produziert – um den Körper, am Körper, im Körper – durch Machtausübung an jenen, die man überwacht, dressiert und korrigiert [...]. Historische Wirklichkeit dieser Seele, die im Unterschied zu der von der christlichen Theologie vorgestellten Seele nicht schuldbeladen und strafwürdig geboren wird, sondern aus Prozeduren der Bestrafung, der Überwachung, der Züchtigung, des Zwanges geboren wird. Diese wirkliche und unkörperliche Seele ist keine Substanz; sie ist das Element, in welchem sich die Wirkungen einer bestimmten Macht und der Gegenstandsbezug eines Wissens miteinander verschränken [...]. Doch täusche man sich nicht: man hat an die Stelle der Seele, der Illusion der Theologen, nicht einen wirklichen Menschen gesetzt. Der Mensch, von dem man uns spricht und zu dessen Befreiung man einlädt, ist bereits in sich das Resultat einer Unterwerfung, die viel tiefer ist als er. Eine ›Seele‹ wohnt in ihm und schafft ihm eine Existenz, die selber ein Stück der Herrschaft ist, welche die Macht über den Körper ausübt. Die Seele: Effekt und Instrument einer politischen Anatomie. Die Seele: Gefängnis des Körpers.«[46]

Foucault betont die Selbstsorge als Voraussetzung dafür, sich um andere zu kümmern, zum Beispiel Verantwortung in Staat und Gesellschaft zu übernehmen. Er nimmt die Selbstsorge gegen den (christlichen) Vorwurf des Egoismus in Schutz. Seiner Meinung nach hat das Christentum durch die Einführung des jenseitigen Heils das antike Ideal der Selbstsorge umkippen lassen. Dieses Ideal bestand darin, dass der

Tod und die Endlichkeit akzeptiert werden, sodass die Ausübung von Herrschaft nicht zum Machtmissbrauch führt. Selbstsorge als Voraussetzung der Sorge für andere: Dies ist für Foucault Spiritualität.[47]

Noch ein anderer Philosoph meldet sich zu Wort, um Spiritualität als philosophische Haltung zu charakterisieren: Thomas Metzinger. Metzinger geht es um eine Haltung, für die das Streben nach Erkenntnis höchste Tugend ist, die Zuversicht in die Fähigkeiten investiert, Wissen, Kenntnis und Einsicht zu erlangen, sich für deren Kultivierung engagiert und die Verpflichtung zur Wahrheit als heiliges Gut pflegt. Es geht darum, »dass man nicht vorgibt, etwas zu wissen oder auch nur wissen zu können, was man nicht wissen kann, dass man aber trotzdem einen bedingungslosen Willen zur Wahrheit und zur Erkenntnis besitzt, und zwar selbst dann, wenn es um Selbsterkenntnis geht, und auch dann, wenn Selbsterkenntnis einmal nicht mit schönen Gefühlen einhergeht oder der akzeptierten Lehrmeinung entspricht.«[48]

Der Suche nach Wahrheit ist nicht nur die Wissenschaft verpflichtet, sondern die Wahrheit erhebt ihren Anspruch in allen Bezirken des Lebens, die zu erforschen und zu verstehen sind, auch in dem, was den Menschen in seiner inneren Verfasstheit ausmacht. Die Suche nach Wahrheit betrifft auch und gerade, anders formuliert, sein seelisches Leben. Dieser autonomen Authentizität gilt es mit dem Mut zur Wahrhaftigkeit innezuwerden, es gilt, sie nicht zu verraten, sie nicht zu korrumpieren. Wer zu sich selbst kommen wolle, so Metzinger, wer sich intellektueller Redlichkeit verpflichtet sehe, würde den religiösen Glauben verwerfen, denn dieser förderte – das steht völlig im Einklang mit Freuds Verwerfung des religiösen Glaubens in seiner Schrift »Jenseits der Illusion« (1927) – Illusionismus,

Selbsttäuschung, Abhängigkeit, Selbstentfremdung. Auch Freud würde intellektuelle Redlichkeit als hohes Gut schätzen, er bietet mit der psychoanalytischen Selbsterfahrung im Dialog zwischen Analytiker und Analysand einen Weg an, sich der durch unbewusste Quellen erzeugten Selbstverborgenheit des inneren Lebens und massiven Formen der Selbsttäuschung zu nähern.

Es mag zunächst erstaunen, dass Metzinger der Religion den Abschied gibt, der Spiritualität dagegen einen Ehrenplatz zuweist. Spiritualität ist für ihn gerade nicht eine Verwandte der Religion, sondern eine Praxis der Erkenntnisorientierung. »Die spirituelle Einstellung ist eine Ethik des inneren Handelns um der Selbsterkenntnis willen.«[49] Es handelt sich um säkularisierte Spiritualität, sie steht der Esoterik fern, ebenso einem einengenden Rationalismus, sie hat den ganzen Menschen im Blick.

Zentral für Metzinger ist die Praxis der Meditation. Sie ziele »auf diese Erhöhung von mentaler Autonomie. Meditation kultiviert die geistigen Bedingungen der Möglichkeit von Rationalität. Es geht nämlich um die innere Fähigkeit, nicht zu handeln, um die sanfte, aber sehr präzise Optimierung von Impulskontrolle und eine schrittweise Bewusstwerdung der automatischen Identifikationsmechanismen auf der Ebene unseres Denkens. [...] Das aufrichtige Streben nach intellektueller Integrität ist in Wirklichkeit ein wichtiger Sonderfall des Strebens nach moralischer Integrität.«[50] Auch der Mut, die eigene Endlichkeit zu akzeptieren, gerät in den Blick. Man kann den Mut finden, »die von der Evolution fest in uns eingebaute Suche nach emotionaler Sicherheit und guten Gefühlen loszulassen und der Tatsache ins Auge zu schauen, dass wir radikal sterbliche Wesen sind, die zu systematischen Formen der Selbsttäuschung neigen. Wahrhaftigkeit uns selbst gegenüber erlaubt es, das Wahnhafte und die systematische Endlichkeitsverleugnung in unserem Selbstmodell zu entdecken.«[51]

Derartige meditativ-reflexive Ansätze werden im Rahmen des Achtsamkeitstrainings inzwischen aus dem Buddhismus in psychotherapeutische Ansätze importiert. Auch die christliche Religion hat sich intensiv mit Selbsterkenntnis, Selbsterforschung, Bekenntnis, Wahrhaftigkeit und Sterblichkeit auseinandergesetzt und eine vielfältige Praxis der Meditation entwickelt. Das bestätigt Metzinger und vollzieht eine Wendung: »Was die intellektuelle Redlichkeit möglich gemacht hat, waren aber die ursprünglich religiösen Ideale der bedingungslosen Wahrhaftigkeit und Aufrichtigkeit gegenüber Gott. In der reflexiven Wendung auf den Menschen selbst sind daraus die beiden ethischen Ideale der bedingungslosen Wahrhaftigkeit und Aufrichtigkeit sich selbst gegenüber geworden [...]. Eine zentrale Einsicht, die der spirituellen Einstellung schon immer zugrunde liegt, ist dann allerdings, dass es mehr als eine Form von Erkenntnisfortschritt, mehr als eine Form des Wissens gibt.«[52]

Wie lassen sich derartige meditative Erfahrungen vermitteln, zumal im Rahmen des hektischen, durchgetakteten und ökonomisierten Alltags der Gesundheitsberufe? Und wie ist das möglich, wenn es um Patienten geht, die durch Krankheitsbeschwerden beeinträchtigt sind? Wie lassen sich Bewegungen des Erkennens zeigen, die sich realisieren, weil und indem das Selbst sich auflöst: »Wissenschaftlich lässt sich dieser Aspekt immer nur als eine ganz und gar vergängliche und auf physikalischen Vorgängen im Gehirn beruhende Form des Erlebens fassen, und nicht als eine transzendente Form des Wissens. [...] Wenn ein Erkenntnisanspruch öffentlich erhoben wird, dann muss man uns erklären, was genau denn jetzt die fragliche kontemplative ›Einsicht‹ oder das Wissen hinter der spirituellen ›Erfahrung‹ ist, was genau es bedeutet, dass ganz bestimmte veränderte Bewusstseinszustände eine andere Art von Erkenntnis transportieren, die nichts mit Sprache, Theorien oder rationalen Argumenten zu tun hat. [...] Eine aufgeklärte, säkularisierte Form von Spiritualität müsste sich [...] genau dadurch auszeichnen, dass sie von den [...] Entwicklungen in der modernen Philosophie und Wissenschaft nicht wirklich bedroht wird, sondern im Gegenteil sogar das Potenzial zu ihrer Integration besitzt.«[53]

Für Metzinger sind Reflexion und Meditation Wege zu einem »Selbstmodell«, das große Bedeutung für die Person hat, die sich wahrnehmend, empfindend, fühlend und denkend in ihrer Welt bewegt. Sie modelliert das Außen, und sie modelliert das, was sie als innere Dynamik des Erlebens begreift. Letztlich bleibt sie in der Modellierung des Selbst und in dem, was Metzinger dabei als spirituelle Einstellung charakterisiert, radikal subjektiv. Ein Bezug zum Anderen, auch zum Anderen der Transzendenz, scheint keine Rolle zu spielen, auch wenn der spirituelle Bezug mit dem Ideal der ethischen Integrität verbunden wird. Ein Transzendenzbezug wird verworfen, auch wenn die unbedingte Erfahrungsoffenheit gefordert wird, auch für das Überraschendste – auch für eine Erscheinung, die eine Person in einer Sprache der Transzendenz erschließen möchte.

Metzinger sieht keine Berechtigung, Glauben und Vernunft zu versöhnen. Wer gläubig ist, verschließt sich der Suche nach Wahrheit. Er opfert im illusionären Komfort »die eigene Vernünftigkeit für die emotionale Kohärenz des Selbstmodells«. Und weiter: In ihrer sozialen Gestalt »organisieren sich« die Religionen und sie »missionieren«. Im Einklang mit der Umgangssprache hat »missionieren« bei Metzinger einen verheerend negativen Klang, steht für Manipulation, Unaufrichtigkeit und herrschsüchtigen Seelenfang. Spiritualität dagegen sei etwas »radikal Individuelles und typischerweise eher still«. Metzinger denkt dabei vermutlich an die Stille des Meditierens und begreift das spirituelle Gewahrwerden und Innesein als Weg zur Wahrheit des ganzen Menschen. Die säkulare Spiritualität nimmt den Platz ein, den in christlicher und außenchristlicher Tradition die Mystik einnahm.

Wie aber gelangt man zu einer solchen Stärke? Metzingers Spiritualität hat etwas Heroisches, Prometheisches: Das Selbst in einsamer Stille, kein Gegenüber, nirgends?

In ähnlicher Weise schreibt Habermas über die postsäkulare Trostlosigkeit:

»In Anbetracht der individuellen Lebensrisiken ist freilich eine Theorie nicht einmal denkbar, die die Faktizitäten von Einsamkeit und Schuld, Krankheit und Tod hinweginterpretieren könnte; die Kontingenzen, die an der körperlichen und der moralischen Verfassung des Einzelnen unaufhebbar hängen, lassen sich nur als Kontingenz ins Bewußtsein heben: mit ihnen müssen wir, prinzipiell trostlos, leben.«[54]

Thomas Metzingers Ausführungen über »Spiritualität und intellektuelle Redlichkeit« haben ein lebhaftes Echo gefunden. Was macht seine Gedanken so attraktiv? Es ist zunächst der programmatische Titel, der aufhorchen lässt. Da ist die große Wertschätzung für das individuell Persönliche, das Authentische. Der Mut zur Wahrheit wird empfohlen, nachdem die Idee der Wahrheit in den Mühlen sattsamer Relativierung schon zu Staub zermahlen schien und nachdem man mit der Selbsterkenntnis nicht weiter zu kommen schien als bis zur nächsten komfortablen Selbstverblendung. Spiritualität wird bei Metzinger vom Fragwürdigen der Esoterik befreit und zur anspruchsvollen intellektuellen Herausforderung. Die schon so obsolet geglaubte Innerlichkeit kommt zu neuer Blüte, aber nicht rückwärtsgerichtet, sondern zukunftsoffen. Spiritualität wird als Schritt zur Befreiung vorgestellt, im Kontrast dazu Religiosität als überholte Vergangenheit. Jeder Einzelne kann, so die Vision des Textes, zu innerer Freiheit und zur Er-kenntnis des Eigenen und des Fremden gelangen, und zugleich wächst machtvoll moralische Integrität, gerade im mutigen Bewusstsein von Fragilität, Sterblichkeit und Vergänglichkeit.

Es gibt wenige Philosophen, die sich über Spiritualität äußern; auch Religionsphilosophen beginnen erst, über Spiritualität zu schreiben.[55] Auch wenn in der Person Metzingers ein renommierter Philosoph der Spiritualität als Thema bedeutende Aufmerksamkeit schenkt, fehlen Beziehung, Transzendenz und der philosophie- und theologiegeschichtliche Hintergrund. Die Überlegungen Robert Spaemanns zum *Futurum exactum* helfen da weiter, auch in therapeutisch-praktischer Hinsicht.

Wenn wir im Futurum exactum (Futur II) reden, sagen wir, dass der gegenwärtige Augenblick gewesen sein wird. Damit eignen wir uns unsere Vergangenheit an, »integrieren schwindende Bedeutsamkeiten in neue Bedeutsamkeitskontexte«. Wir erzählen Gegenwärtiges und Vergangenes und machen beides zu einem Teil unserer Geschichte. Wenn wir im Futur II aus der Zeit nach unserem Tod über das jetzige Leben sprechen, ist das anders: »Indem wir unseren Tod wissen, antizipieren wir ein radikales Äußerlichwerden, das keinen Versuch der eigenen Integration durch Herstellung eines Kontinuums der Bedeutsamkeit mehr zuläßt.«[56] Der Standpunkt, den wir dabei einnehmen, ist nicht mehr unserer, sondern ein vernünftiger »Blick von nirgendwo«. Der vitale Bedeutungszusammenhang unseres Lebens mit seinen Projekten, Triebzielen, Beziehungsnetzen wird durch den Tod zerstört. Andererseits taucht durch den Tod und nur durch den Tod ein anderer Horizont jenseits des vitalen auf, den Spaemann »Sinnzusammenhang« nennt. Nur wenn wir als sterbliche Wesen die Endlichkeit des Endlichen akzeptieren, können wir die einzelnen Bedeutsamkeiten unseres Lebens loslassen und eine Perspektive einnehmen, die sich auf das Leben als Ganzes richtet:

»Die Antizipation des Todes rückt das Leben als ganzes in die zeitlose Dimension des *futurum exactum.* Es wird für immer gewesen sein und ist deshalb Subjekt für Prädikate wie ›sinnvoll‹ oder ›absurd‹«.[57]

Abschiedsbriefe von Suizidanten versuchen mehr oder minder deutlich, diese Perspektive einzunehmen, auch wenn dies mit einem Scheitern innerhalb unseres jetzigen Bedeutungshorizontes und mit einem Überspringen von Wandlungsschritten einhergeht.

Allgemeiner gesprochen, stellt sich für alle Sterbenden, die sich ihrer Situation bewusst sind – inwieweit dies der Fall ist, lässt sich von außen nicht immer beurteilen –, die Sinnfrage in dem neuen Sinnzusammenhang des Futurum exactum jenseits des jetzigen Bedeutungszusammenhangs.

Spiritual Care heißt, dass wir dieses Ringen um Sinn oder Absurdität des Leidens nicht nur als endliches ›spirituelles Bedürfnis‹ begleiten und beantworten, sondern im Horizont einer Sehnsucht und eines Begehrens, das auf Unendliches bezogen ist.[58] Spiritual Care innerhalb von Palliative Care ist hierfür ein beispielhafter Bereich. Die spirituelle Begleitung der Sinnfrage ist jedoch nicht auf die Situation des unmittelbar bevorstehenden Todes beschränkt. Denn, in den Worten Spaemanns: »Die Antizipation des Endes durchdringt das Leben im Innersten. Sie ermöglicht Sinnerfahrung. Die schlechte Unendlichkeit eines zeitlichen Immerweiterlebens würde diese Erfahrung zerstören.«[59] Man kann deshalb sagen, dass es bei Spiritual Care um die existenzielle Dimension von Krankheit und Gesundheit geht. Manche ziehen sogar dem Wort »spirituell« das Wort »existenziell« vor, weil es säkularer klingt und weniger stark mit der Suche nach dem Heiligen und nach der Transzendenz verknüpft wird. »Existenziell« bedeutet, dass es um Leben und Tod, um dieses endliche, zeitliche Leben geht *und* um den Sinnhorizont, vor dem das Leben als Ganzes möglich wird.

In der therapeutischen Realität ist mit diesem Sinnhorizont keineswegs gemeint, dass auf ein Jenseits vertröstet wird; denn das Stellen der Sinnfrage ist ja radikal diesseitig, *jetzt* mehr oder minder bedrängend, auch wenn die Futur-II-Perspektive eingenommen und die einzelnen endlichen vitalen Bedeutungshorizonte transzendiert werden. Der kranke Mitmensch ist durch die Krankheit existenziell in seiner Identität bedroht: Der Träger eines Hirntumors oder einer Demenz fürchtet, »den Verstand zu verlieren«, während die an Amyotropher Lateralsklerose Erkrankte bei vollem Bewusstsein beobachtet, dass fortschreitend weitere Muskeln ausfallen. Angesichts derartiger existenzieller Bedrohungen sagt die behandelnde Person: »Ich will, dass du seist, dass du existierst – trotz der Krankheit, die wir behandeln müssen!«

Die wichtigste Intervention in Spiritual Care ist zugleich eine ›diagnostische‹, nämlich die Spirituelle Anamnese (SPIR). Wenn wir als Ärzte, Pflegende, Psychotherapeuten usw. mit SPIR (www.spiritualcare.de) oder ähnlichen Leitfäden fragen:

»Im weitesten Sinne des Wortes: Sind Sie ein gläubiger Mensch? Woraus schöpfen Sie Ihre Kraft?«, dann erhalten wir Informationen über die spirituelle Befindlichkeit der begleiteten Person, über ihre diesbezüglichen Präferenzen, Nöte, Bedürfnisse. Viel wichtiger jedoch als das Sammeln von Informationen ist die Signalsetzung, der Interventionseffekt der Frage. Die meisten Patienten sind überrascht, wenn ihre Ärztin oder ihr Arzt aus eigener Initiative (proaktiv) nach der Spiritualität fragt. Ein durch Scham geschützter Tabu- und Privatbereich wird dadurch innerhalb einer therapeutischen Beziehung angesprochen.

Ein Großteil der Patienten ist froh darüber. Manche werden zu erkennen geben, dass sie jetzt keinen Bedarf haben, mit der Pflegefachkraft, mit dem Psychoanalytiker oder der Ärztin über Spirituelles zu reden. Vielleicht weil sie dies beim Seelsorger gut aufgehoben wissen, vielleicht weil dieser Bereich für sie (noch) kein Thema ist. Doch wissen es die Patienten in aller Regel zu schätzen, wenn von therapeutischer Seite mit der soeben genannten Frage die ›Erlaubnis‹ gegeben wird, das grüne Licht: Ja, die spirituellen, existienziellen, religiösen Fragen dürfen im Gespräch, im Erzählen der eigenen Geschichte vorkommen!

Spiritual Care ist ein neuer Name für die Fähigkeit der Helferinnen und Helfer, mit Grenzen umzugehen. Diese *Grenzkompetenz* therapeutischer Berufe leuchtet unmittelbar ein, wenn es um Palliative Care geht: Es gibt nämlich viel zu tun, wenn ›nichts mehr zu machen ist‹. ›Machen‹ als ›Gesundmachen‹, als Beseitigen von Krankheiten, als Lösen von Problemen. Dann geraten kranke Menschen und ihre Helfer an Grenzen, müssen mit ihrer Ohnmacht umgehen, aber auch mit dem Unendlichen, das ›jenseits der Grenze‹ ist.

Spirituelle Grenzkompetenz brauchen die Gesundheitsberufe jedoch nicht nur am Ende des Lebens, sondern in vielen Situationen des Lebenszyklus, die uns Grenzen setzen: in der Unterstützung der bedrohten frühgeborenen Kinder und ihrer Eltern, bei chronischer Krankheit und Behinderung, bei plötzlichem Verlust, bei Sinnkrisen und psychotischer Verstiegenheit.

Fünftes Kapitel

Die Seele zwischen Leben und Tod – Ein Dialog

Frick: In diesem Buch liegen Lebenshunger und Todessehnsucht nah beieinander: Alte Menschen, die noch gar nicht sterben wollen, die *das Leben erleben möchten*, andere, junge und alte, die *so nicht mehr leben wollen*, die an diesem Leben durch den Suizid schnell und definitiv etwas verändern wollen. Der Wunsch, anders zu leben zu wollen, mündet in die gewaltsame Beendigung dieses Lebens. Weil das Leben schwer ist, leidvoll oder eine Last.

Boothe: Ja, es ist merkwürdig, wie verschieden sich das eine Thema – das Thema von Leben und Sterben – stellen kann, je nach Einstellung und je nach Situation.

Frick: Jedes Palliativteam kennt die Ambivalenz von Lebenshunger und Todessehnsucht, die bei ein und demselben Menschen vorliegen kann – mit verschiedenen Akzentsetzungen im Verlauf eines Tages oder mehrerer Tage oder sogar gleichzeitig, mit der ganzen Gegensätzlichkeit von Leben und Tod.

Boothe: Eichendorff drückt diese Gegensätzlichkeit durch die Spannung zwischen Zur-Ruhe-Kommen und kräftiger Bewegung aus:

Und meine Seele spannte
Weit ihre Flügel aus.
Flog durch die stillen Lande,
Als flöge sie nach Haus.

Man kann das Nach-Hause-Kommen dieses großen Seelenvogels, dieses ruhige kraftvolle Gleiten, als Bild für das Sterben verstehen. Im Gedicht »landet« die Seele nicht, es bleibt beim »als ob«. Jedenfalls kennen nicht nur Palliativmediziner, sondern auch wir Psychoanalytiker die Ambivalenz von Lebenshunger und Todessehnsucht.

Frick: Freud schreibt zum Thema »Vergänglichkeit«: »Vor einiger Zeit machte ich in Gesellschaft eines schweigsamen Freundes und eines jungen, bereits rühmlich bekannten Dichters einen Spaziergang durch eine blühende Sommerlandschaft. Der Dichter bewunderte die Schönheit der Natur um uns, aber ohne sich ihrer zu erfreuen. Ihn störte der Gedanke, daß all diese Schönheit dem Vergehen geweiht war, daß sie im Winter dahingeschwunden sein werde, aber ebenso jede menschliche Schönheit und alles Schöne und Edle, was Menschen geschaffen haben und schaffen könnten. Alles, was er sonst geliebt und bewundert hätte, schien ihm entwertet durch das Schicksal der Vergänglichkeit, zu dem es bestimmt war.«[60] Das erinnert an die Bemerkung der Großmutter, die zu ihrer Enkelin am Ende eines schönen Sommertages sagte: »So schnell wie dieser Tag geht auch das Leben zu Ende.« Es geht zu Ende, man kann nur traurig sein, ist hier die Devise. Es ist gewesen und damit entwertet. Der Dichter, die Großmutter, viele andere Menschen denken so. Und warum sollten wir nicht bedauern, was zu Ende ging? Ja, das kann man bedauern, hält Freud dem entgegen, doch wenn wir die Trauer seelisch verwandeln können, wird die gelebte Erfahrung im Rückblick kostbar. Wir verwandeln sie gleichsam in ein Geschenk, das wir bewahren und pflegen und manchmal beispielsweise erzählend hervorholen und mit anderen teilen.

In Freuds Verständnis der Trauer steckt ein kreatives Potenzial: Wir werden wieder aufbauen, sagt er voller Hoffnung, aber auch aus trotzigem Stolz. Wer nur die Vergänglichkeit sieht im Sinne von Begrenztheit, schaut auf das, was er verloren hat, und betrauert es wie eine verwelkende Blume. Freud macht es anders: Er betont den bleibenden Wert, auch im Blick auf eine Zeit, in der niemand mehr die Sprache der Dichter versteht, ja: wenn die menschliche Kultur vom Planeten verschwunden sein wird. Auch dann werden wir gelebt haben, werden wir gedichtet haben, bleibt der Wert dieser Dichtung – ein ganz merkwürdiges Futur II. Spaemann würde es den vernünftigen »Blick von nirgendwo« nennen. Wenn wir im Futur II aus der Zeit nach unserem Tod über das jetzige Leben sprechen, dann können wir unserer Lebenserzählung, dem was für uns von Bedeutung ist, nichts mehr hinzufügen.[61] Aber wir sagen von dieser Futur-II-Warte aus etwas über unser Leben als Ganzes.

Nochmals zu Freud: »Wenn erst die Trauer überwunden ist, wird es sich zeigen, daß unsere Hochschätzung der Kulturgüter unter der Erfahrung von ihrer Gebrechlichkeit nicht gelitten hat. Wir werden alles wieder aufbauen, was der Krieg zerstört hat, vielleicht auf festerem Grund und dauerhafter als vorher.«[62] Der Krieg ist hier ein Beispiel für die Vergänglichkeit in der Geschichte, in der Kulturgeschichte und politischen Geschichte, aber sogar in der Geschichte dieses Planeten Erde, der die vielleicht einmal ohne menschliche Kultur bleiben wird. All dies mindert nicht den Wert der Kultur. Sogar über den kollektiven Tod hinaus gibt es die Hoffnung auf Wiederkehr neuen Lebens. Dabei bezieht er sich auf die Natur, auf das Vergehen und Sterben der Natur. Auf die zyklische Wiederkehr der Jahreszeiten.

Boothe: Er spricht von der Ewigkeit in der Wiederkehr, als Psychologe freilich, nicht als Astronom, Geologe, Geograph oder Biologe, für die Jahreszeiten weder ewig noch universell noch unveränderlich sind. Es entsteht – gerade im Wissen um die Vergänglichkeit – auch die Freiheit, erinnernd und gestaltend etwas Neues zu schaffen. Keine verzagte Todesergebenheit, sondern eher Daseinszuversicht, sogar umso mehr beflügelt, als sie die Gewissheit des Endes nicht leugnet.

Frick: Man muss sich nicht über die eigene Vergänglichkeit hinwegtrösten durch eine verzweifelte Illusion ewiger Dauer. Das Innewerden der Vergänglichkeit gehört eher zum menschenfreundlichen Denken.

Boothe: Es kann, mit Jacques Lacan, sogar zur Freiheit des Denkens und Handelns in der Gewissheit der eigenen Vergänglichkeit kommen. Gerade die Todesgewissheit schafft nach Lacan die Möglichkeit der Selbsterkenntnis und der Selbsterneuerung. Wer bisweilen an den Tod denkt, gewinnt daraus die Stärke dessen, der die eigenen Grenzen nicht verleugnet.

Frick: Das Innewerden der eigenen Endlichkeit ist ein Schlüsselgedanke bei C.G. Jung. Der Tod ist für Jung nicht allein Endpunkt, sondern auch Zielpunkt: »... der rollende Stein ist zur Ruhelage gekommen. Angesichts solchen Todes erscheint uns das Leben stets wie ein Ablauf, wie der Gang einer aufgezogenen Uhr, deren endlicher Stillstand selbstverständlich ist.«[63] Stillstand ist das Ziel. »... jeder energetische Vorgang ist... auf ein Ziel gerichtet, und das Ziel ist die Ruhelage. Jeder Vorgang ist schließlich nichts anderes als eine anfängliche Störung einer sozusagen ewigen Ruhelage, die sich immer wieder herzustellen sucht. Das Leben ist sozusagen das Teleologische par excellence, es ist Zielstrebigkeit selber, welche sich zu erfüllen trachtet. Das Ende jeglichen Ablaufes ist sein Ziel.« Und: »... der lebende Körper ist ein System von Zweckmäßigkeiten, welche sich zu erfüllen trachten. Das Ende jeglichen Ablaufs ist sein Ziel. Jeder Ablauf ist wie ein Läufer, der mit größter Anstrengung und stärkstem Kraftaufwand danach strebt, sein Ziel zu erreichen.«[64] Das Ziel der Bewegung ist ihr Ende. Die Erfüllung bewegten Daseins ist sein Stillstand. Doch bevor alles stillsteht, herrscht stärkste Bewegung.

Boothe: Da läuft das Uhrwerk, sprintet der Sportler, erprobt das Kleinkind jauchzend seine ersten Schritte, da freut sich, mit Schiller, in seinem Gedicht »Der Taucher«, wer da atmet im rosigen Licht.

Frick: Freud formuliert: »Die Ewigkeitsforderung ist zu deutlich ein Erfolg unseres Wunschlebens.«

Boothe: Nietzsche bestätigt das: »Denn alle Lust will Ewigkeit, will tiefe, tiefe Ewigkeit.« In der Tat, dies verweist bereits auf

Freuds Theorie des Unbewussten und der unbedingten Zeitlosigkeit unbewusster Vorstellungen.

Aber schauen wir auf Beispiele aus dem Alltag älterer Menschen. Da will nicht jede und jeder tiefe Ewigkeit. Nein, ich hatte beispielsweise mit einer Frau zu tun, die ich geradezu als vergänglichkeitssensibel bezeichnen würde. Wir sprachen einmal miteinander, und da sagte sie kopfschüttelnd: »Venedig sehen und sterben. Venedig muss ich nicht sehen.« Aber manchmal geht ihr durch den Kopf: »Jetzt könnte ich sterben. Jetzt ist es gut. Jetzt ist es genug.« Sie ist also nicht nur vergänglichkeitssensibel, sondern hat offenbar auch eine Vorstellung davon, was es heißt, dereinst lebenssatt zu sein. Gerade in Situationen, die sie mit Freude oder Dankbarkeit erfüllen, ist das so. »Und wenn heute mein letzter Tag ist?«, denkt sie manchmal am Morgen, wenn sie aufsteht und aus dem Fenster schaut. Ein flüchtiger Gedanke, der ihr geradezu stilles Vergnügen bereitet. Frau Liechti ist gesund, lebt allein, hat für ihre Firma, die sie gegründet und mit Erfolg geführt hat, einen Nachfolger gefunden und sich zufrieden zur Ruhe gesetzt. Ganz andere Dinge als in Zeiten der Berufstätigkeit beschäftigen sie jetzt. Sie pflegt Freundschaften, engagiert sich in jungen Familien als Nachmittagsgroßmutter, bietet einen Computerkurs im Altenheim an und kommt dann oft in intensive persönliche Gespräche mit Bewohnern. Sie genießt ein entspanntes und produktives Alleinsein. Lebendigsein als rätselhafte Gabe auf Zeit, und das Ende bestimmt man nicht selbst.

Frick: Nicht nur für die Erfolgreichen und Privilegierten ist heitere Vergänglichkeitssensibilität eine Option. Ich denke an Frau Carisch, die mit sieben Geschwistern in engen und dürftigen Verhältnissen aufwuchs, zunächst auf dem Bauernhof ihrer Eltern in ländlicher Umgebung. Sie ist katholisch getauft und sozialisiert. Bereits als Zwölfjährige arbeitete sie als Verdingkind auf einem fremden, weit entfernten Hof. Zwei Jahre später kehrte sie zwar zurück und brachte ihre volle Arbeitskraft in den wirtschaftlichen Erhalt der Familie ein, lebte aber nicht mehr zu Hause, weil der Platz zu knapp war. Aufgrund nur rudimentärer Schulausbildung, mangelnder Förderung durch ihre Herkunftsfamilie und milieubedingter Einengung hat Frau Carisch keine Berufsausbildung genossen. Ihre Erwerbstätigkeit war daher bestimmt durch Hilfs- und Aushilfsarbeiten in unterschiedlichen Bereichen. Sie arbeitete gern, noch heute erzählt sie mit Vergnügen davon, welche Anregungen sie erhielt, was sie lernen konnte, wie man sie schätzte und wie interessant sie es fand, sich immer wieder umzustellen und auf Neues einzulassen.

Anlässlich ihrer Heirat mit einundzwanzig Jahren konvertierte sie zur reformierten Konfession ihres Mannes. Aus der Ehe ging eine Tochter hervor. Ihr Ehemann starb vor wenigen Jahren. Aus Trauer um ihren Lebensgefährten vernachlässigte Frau Carisch sich selbst und entschloss sich nach einem Zusammenbruch aufgrund körperlicher Schwäche zum Eintreten in ein städtisches Alters- und Pflegeheim, da sie ihren Alltag nicht mehr aus eigener Kraft bewältigen konnte. Sie erholte sich rasch und gestaltet nun ein aktives Leben, das ihr tagsüber mit Teilhabe an abwechslungsreichen Angeboten viele Freuden beschert und nachts lange erholsame Ruhe. Frau Carisch genießt die Freiheit von Pflichten und Lasten, sie genießt es aber auch, für Fertigkeiten, Fähigkeiten und ihre charmante Weiblichkeit Lob und Anerkennung zu erhalten, die sie als Kind, Jugendliche und Frau in diversen Lebenszusammenhängen erworben hat.

Boothe: Frau Carisch ist bemerkenswert kreativ, wenn es darum geht, ihr Lebensmilieu mit persönlicher Lebensqualität zu erfüllen. Ganz anders als Frau Anderegg, die nur noch sterben wollte, ist der Eintritt ins Heim der Beginn von neuer Lebensfreude. Das Heim ist ein Ort der Neu-Organisation mit attraktiven Angeboten und Herausforderungen. Religiosität ist eine Ressource: Sie hat privilegierten Zugang zu transzendenten Mächten. Sie sieht ihren Lebens- und Entfaltungsradius als bereichert und hat guten Kontakt zu den Mitbewohnern.

Frick: Der Eintritt ins Heim bietet die Chance, sich zu erholen, zu Kräften zu kommen, sich sozial neu zu integrieren und in neuer Umgebung Anerkennung und Auszeichnung für ihre Persönlichkeit, ihre Tüchtigkeit, ihre weiblichen Vorzüge zu erlangen. Im Übergang in die Heimsituation ist dies eine Daseinsverfassung der Intensivierung von Lebensfülle nach schwerem Verlust. Religion war für Frau Carisch in der Kindheit verkörpert durch die Autorität des Dorfpfarrers, einen Mann, der den Kindern regelmäßig weite Wege zum Besuch der Gottesdienste zumutete und kleinste Verstöße gegen Aufmerksamkeit, Ehrerbietung und Gehorsam streng ahndete, der aber auch für Schuhwerk sorgte und Mangel linderte. Frau Carisch war froh, dem drückenden Regime zu entkommen und der eigenen Fähigkeit zur Lebensfreude Ausdruck geben zu können. Sie vertraut dem Interviewer ein Geheimnis an: Sie hat die Gabe der Ahnung, des Zweiten Gesichts, der Offenheit für Erscheinungen aus einer jenseitigen Welt, besonders Erscheinungen, die mit Frau Carischs ganz persönlichem Leben in Zusammenhang stehen. So hat sich auf diese Weise ihr lieber verstorbener Mann bemerkbar gemacht. Frau Carisch ist durch diese besondere Gabe eine Persönlichkeit mit geheimnisvoller Aura. Für Frau Rubinova, Überlebende der nationalsozialistischen Verfolgung, steht der Transzendenzbezug im Dienst der Überschreitung des Persönlich-Individuellen. Für Frau Carisch ist die Offenheit für Erscheinungen aus einer jenseitigen Welt gerade beglückend, weil sie selbst sich ganz persönlich ausgezeichnet und privilegiert fühlt durch die Beziehung, die sie zu einer jenseitigen Welt unterhält.

Boothe: Frau Carisch findet wie Frau Liechti Lebensfülle gerade angesichts des Vergänglichen und der möglichen Nähe zum eigenen Ende. Anders als Frau Liechti hat sie mit Erscheinungen zu tun, die nicht von dieser Welt sind. Sie könnte sagen: Gewiss geht es bald zu Ende. Bis dahin lasse ich mich noch überraschen, auch von Zeichen und Wundern.

Frick: Frau Anderegg hingegen hat den Eintritt ins Heim als vorzeitige Todesbotschaft erlebt. Da ist nichts, was sie aufleben lässt, keine Perspektive, die eine Dynamik der Veränderung ermöglicht. Es ist zu viel leere Zeit bis zum Tod, denkt sie, und nimmt die Sterbehilfe in Anspruch. Doch sind ihre zahlreichen Beschwerden nicht eigentlich Zeichen des Aufbegehrens? Der Magen rebelliert, wie es so treffend heißt. Ihr Blick ist nicht klar, sie schaut niemanden an, verweigert die Orientierung am neuen Ort, der ihr Zuhause werden könnte. Schwindel erfasst sie, sie hat keinen festen Standort. Sie gibt jedoch dem Lebendigen, das sich als Schmerz, Missempfindung und Störung äußert, keine Chance, lässt eine Dynamik der Veränderung nicht zu, sondern wählt den selbstbestimmten Abgang.

Boothe: Müde war auch Herr Schwarz, ein Arbeitsloser, müde in Verdruss und Hader. Auch er sieht hoffnungslos leerer Zeit entgegen, erlebt sich als abgeschoben und entwertet. Betroffen vom Verlust der Berufstätigkeit, widersetzt er sich, gleichsam in gekränktem Stolz, einer Dynamik der Veränderung. Müde ist aber nicht seine Frau, die ebenfalls arbeitslos wurde. Sie hadert nicht, sondern lässt Neues entstehen. Sie wendet sich nicht ab von ihrem Mann, vielmehr wirbt sie um ihn, zeichnet ihn aus als den Menschen, mit dem sie ihr Leben bis zum Ende teilen will. Dem will er schließlich, nach Monaten der Krise und des Grolls, gerecht werden. Ein Liebender kann man sein bis zum Ende. Zwei Liebende können einander beglücken bis zum Ende. Hier geht es ja nicht um Leistung, Erfolg und äußere Maßstäbe. Liebe ist erfinderisch.

Frick: Frau Rubinova, einst in Warschau zu Hause, war lange extremer tödlicher Bedrohung ausgesetzt. Sie überwindet die eigene Lebensnot, indem sie das Persönliche hintanstellt zugunsten eines Dienstes am Leben. Sie pflegt eine Art immerwährendes geistiges Gespräch. Ihre körperliche Schwäche nimmt zu, angesichts rascher Erschöpfbarkeit und Müdigkeit geht sie kaum aus dem Haus, oft denkt sie an das Ende ihres Lebens, gelegentlich verwundert darüber, dass sie trotz aller Not, Gewalt und Entbehrung ein hohes Alter erreicht hat. Vom Geschenk des Lebens spricht sie und davon, dass es ein Glück für sie sei, über das Internet im Austausch über religiöse, ethische und politische Themen stehen zu können, Themen der Friedenssicherung, Klugheit respektvoller Beziehungen und des erfüllten Lebens.

Boothe: Auch der berühmte Autor und Essayist Jean Améry setzte nach der Befreiung aus langjähriger nationalsozialistischer Lagerhaft auf die geistige Existenz – anders als Frau Rubinova im Geist der Rebellion, Versöhnungsresistenz und der kritischen Schärfe – und seine Stimme hatte im Deutschland der 70er-Jahre des letzten Jahrhunderts Kraft. Doch nahm er sich am 17. Oktober 1978 das Leben, drei Abschiedsbriefe hinterlassend; im Brief an seine zweite Frau heißt es: »Ich kann meinem Niedergang, intellektuellen, physischen, psychischen, nicht zusehen.«

Frick: Vergehende Zeit ist nicht Grund für Trübsinn, wenn man Frau Liechti, die ehemalige Firmenchefin, und Frau Carisch, die Witwe, danach fragt. Gerade die Vergänglichkeit lässt Lebensfülle entstehen. Auch Müdigkeit kann köstlich sein, kann wohlige Entspannung bedeuten.

Boothe: Kann man sogar lachen, im Bewusstsein der Vergänglichkeit, der eigenen Begrenztheit, der eigenen Abhängigkeit? Hat man genug Kopf und Herz und Verstand, um über sich selbst zu lachen? Ja, warum denn auch nicht? Es mag das Lachen enden, wenn medizinische und pflegerische Hilfe ausbleiben oder an ihre Grenzen kommen, wenn Schmerz und Qual den hilflosen Sterbenden überwältigen. Berühmte Personen schreiben heutzutage häufig über ihr Sterben, wenn sie, oft früh im Leben, im Würgegriff tödlicher Krankheiten stehen. Das Schreiben erlaubt eine letzte Souveränität, sogar Ironie lässt sich, wenigstens in der Formulierung, ertrotzen, wie im Buchtitel von Christopher Hitchens »Endlich. Mein Sterben« (2013). Ja, es geht um die Verzweiflung, die nur noch das Ende der Torturen ersehnen kann, aber es ist auch ein letztes Wort-Spiel, das so tut, als habe man nichts Schöneres willkommen zu heißen als das Sterben. Und da der Journalist Hitchens als feuriger Atheist bekannt ist, macht sich in »Endlich. Mein Sterben« auch die sarkastische Anspielung auf christliche Vorstellungen vom freudigen Sterben als Tor zum Paradies geltend, die hier der gequälte, aber stolze Autor verlacht. Er hatte nichts zu lachen am Ende, aber sein Geist war nicht müde, und sein Witz gab nicht auf.

Frick: Bei Kierkegaard lesen wir, dass der Mensch eine Synthese aus Endlichem und Unendlichem, aus Zeitlichem und Ewigem ist. Synthese heißt »zusammengesetzt« sein, aber auch: die Einheit aus den Teilen zustande bringen. Es kommt auf den Unterschied zwischen dem an, was wir ›auf den ersten Blick‹ wahrnehmen und was wir ›auf den zweiten Blick‹ über den Menschen formulieren. Philosophische Anthropologie, wie Kierkegaard sie versucht, ist ein zweiter, tiefer sehender Blick auf den Menschen. Aber: Dieser zweite, philosophische Blick setzt immer den ersten voraus und führt wieder zu ihm zurück. Auf den ersten Blick sehen wir Brüchigkeit, Vergänglichkeit, Vergeblichkeit, vor allem das Schwinden der Kräfte und der Attraktivität unseres Leibes. Kurz gesagt, ist dies die Endlichkeit unserer Existenz. Wir können diese bedauern, bejammern, uns in Wehmut über die Vergänglichkeit ergehen.

Kierkegaard hingegen wirft einen zweiten Blick auf die Unendlichkeit des Menschen. Die Schweizer Reformatoren hatten darüber heftig mit Martin Luther gestritten, zum Beispiel im Kontext der Realpräsenz Jesu Christi im Abendmahl, und ihm entgegengehalten: finitum non capax infiniti – Endliches kann Unendliches nicht fassen. »Nur momentweise kann das einzelne Individuum existierend in einer Einheit von

Unendlichkeit und Endlichkeit sein, die über das Existieren hinausgeht. Dieser Moment ist der Augenblick der Leidenschaft.«[65]

»Synthese« heißt für Kierkegaard nicht eine denkerische Leistung aus eigener Kraft, sondern ein Leiden in der Verzweiflung und in der Sünde am erlebten Zwiespalt zwischen Endlichkeit und Unendlichkeit. Glaube ist die leidenschaftliche Öffnung des Menschen für die Transzendenz, für das Unendliche, das jenseits der Grenzen unserer endlichen Existenz liegt.

Boothe: An dieser Stelle taucht allerdings die Frage auf: Ist die Charakterisierung des Menschen als Wesen der Synthese ein Erfolg unseres Wunschlebens? Der Wunsch nach Unverletzlichkeit, nach Unvergänglichkeit scheint da tatsächlich eine große Rolle zu spielen.

Frick: Freud versucht im Namen des Realitätsprinzips, die Ewigkeitsforderung als ein Wunschgebilde zu erklären. Heißt »Wunschleben« immer Verweigerung des Realitätssinns, Verweigerung der unausweichlichen Trauerarbeit?

Boothe: Im Unterschied zu Kierkegaard würde Freud die Ewigkeit als illusionäre Wunscherfüllung sehen.

Frick: Nun entspringt aber Kierkegaards Charakterisierung des Menschen als Synthese von Endlichem und Unendlichem seinem tiefen Realitätssinn: Er will dem Menschen in seinem Transzendenzstreben die Endlichkeit vor Augen halten. Kierkegaard geht es in der »Krankheit zum Tode« um die verzweifelte Selbstsuche, um drei Spielarten der Verzweiflung: Das

Selbst will entweder nur das Selbst sein oder verzweifelt, unbewusst *nicht* das Selbst zu sein. Oder es will den Boden, auf dem es steht, nur aus sich heraus finden. Kierkegaard polemisiert heftig gegen die bürgerliche, staatskirchliche Religion, die das Ewige kontrollieren will und dabei der Selbstwerdung, der Individuation ausweicht. Eine Spiritualität, die durch Kierkegaards Krise gegangen ist, ist keine Selbstvergewisserung. Ein Selbst werden, Individuation im Sinne Kierkegaards, besteht vielmehr in der Bereitschaft, auf Unendliches bezogen zu sein, ohne dieses Bezogensein kontrollieren zu müssen.

Boothe: »Unendliches« heißt, dass der Mensch über das Begrenzte, das Materielle hinaus möchte.

Frick: Freud ist irgendwie ratlos gegenüber der Trauer, die zugleich loslassen und bewahren will: »Warum aber diese Ablösung der Libido von ihren Objekten ein so schmerzhafter Vorgang sein sollte, das verstehen wir nicht und können es derzeit aus keiner Annahme ableiten. Wir sehen nur, daß sich die Libido an ihre Objekte klammert und die verlorenen auch dann nicht aufgeben will, wenn der Ersatz bereitliegt. Das also ist die Trauer.«[66]

Boothe: Werte werden festgehalten über die Grenze der Zerstörung und des Todes hinaus. Warum bleibt eigentlich der Wert der Dichtung?

Frick: Ausschlaggebend für die Bewertung ist nicht die Empfindung späterer Generationen, sondern *unsere* Empfindung…

Boothe: … Wir, die wir etwas verloren haben.

Frick: Und das ist eine Unzerstörbarkeit.

Boothe: Unzerstörbar für wen?

Frick: Von der absoluten Zeitdauer unabhängig!

Boothe: Nach Ende des persönlichen Empfindungslebens ist aber Schluss, es sei denn, du hast es geschafft, die Sache zu tradieren. Ich habe Freuds Wunschtheorie so verstanden: Im Augenblick des Entzugs, wenn das Gute, zum Beispiel in Form der Nahrung, mir entzogen ist, tritt eine mentale Aktivität auf, die mir den Genuss halluzinatorisch oder imaginativ präsentiert. Das ist für mich erfreulich, ich bewahre den verlorenen Wert, es erhält mich seelisch. In der therapeutischen Realität: Wenn ich am Bett eines gebrechlichen Menschen sitze, vielleicht mit Demenz, da sitzen Kinder, Enkel und sehen diese vergängliche Gestalt. Im Sinne Freuds würden wir diese ausstatten mit allem Guten, Schönen, das sie gewesen ist. Wir würden ihr Bildnis nicht als Bildnis des Verfalls festhalten …

Frick: … Wie es ja zum Glück in der Demenzbehandlung gängig ist: nicht auf die Defizite fokussieren, sondern den Reichtum der Lebenserfahrung »validieren«.

Boothe: Wenn die Person jetzt stirbt, beginnt etwas, das sehr lange dauern kann: Wir müssen sie loslassen aus unserem Griff. Dieser Moment des Überlassens heißt doch: Ich gebe sie frei an etwas, über das ich keine Verfügung habe, werfe sie nicht auf den Müll. Ich frage mich, ob an dieser Stelle nicht etwas ist wie …

Frick: … das Unendliche?

Boothe: Ja.

Frick: Den endlichen Menschen für das Unendliche freigeben. In der Tat ist das Symbol ein Kind der Trauerarbeit, das Grabmal ist nach Lacan das erste Symbol der Menschheit.[67] Freigeben des Endlichen für das Unendliche am Erinnerungsort des Grabes. Im Abschiednehmen, Loslassen wird Kierkegaards Synthese endlich/unendlich spürbar. Auch die Abschiedsbriefe, die wir gelesen haben, sind Vergänglichkeitsbriefe: Menschen schreiben dort über ihre Endlichkeit, aber sie schreiben es im Hinblick auf ein Wir, manchmal sogar im Futur II: Ich werde gelebt haben. Sie blicken zurück, nehmen die Position dessen ein, den sie verlassen, liebevoll oder aggressiv, vorwurfsvoll oder mit Verständnis. Wie in jedem Testament wirkt der Wille des Erblassers über dessen Tod hinaus. Manchmal wird die Unendlichkeit geradezu inszeniert, durch das, was den Hinterbliebenen aufgetragen wird. Diese Unendlichkeits-Dimension, so Kierkegaard, ist schon während unseres Lebens präsent.

Boothe: Woher weiß Kierkegaard von der Setzung durch Gott?

Frick: Es wäre zu schwach ausgedrückt zu sagen: Er übernimmt es aus der Tradition. Gegen den traditionellen und die Religion instrumentalisierenden Gläubigen polemisiert er immer wieder: »In der Christenheit ist er zugleich Christ, geht jeden Sonntag zur Kirche, hört und versteht den Pfarrer, ja die verstehen einander; er stirbt; der Pfarrer führt ihn für 10 Taler in die Ewigkeit ein – aber ein Selbst war er nicht und ein Selbst wurde er nicht. Diese Form der Verzweiflung ist: verzweifelt nicht man selbst sein zu wollen, oder noch niedriger: verzweifelt nicht ein Selbst sein zu wollen, oder am allerniedrigsten: verzweifelt ein anderer als man selbst sein zu wollen, sich ein neues Selbst zu wünschen.«[68]

Wenn du jetzt fragst, woher Kierkegaard vom Unendlichen weiß: nicht durch Beschreibung von etwas, was es auch noch gibt, sondern durch die erlebte Verzweiflungs-Dialektik.

Boothe: Wenn einer also verzweifelt er selbst sein will, dann wird ihm bewusst, dass ein Leben, das nicht nur aus sich selbst kommt, von einer Macht bestimmt ist, die nicht ich selbst sein kann. Der Glaube ist ein Leben.

Frick: Wie können wir in diesem Zusammenhang die spirituelle Suche des Menschen verstehen? Es gibt da verschiedene Fehlformen: sich aus der eigenen Verantwortung stehlen, aus der eigenen Selbstwerdung, die Vergänglichkeit und (mit Freud gesprochen) das Bleibende der Werte nicht ernstnehmen. Entscheidend ist doch, den gegenwärtigen Augenblick ernstzunehmen, nicht unter dem Vorbehalt auf ein Jenseits zu leben.

Faust zu Mephisto: »Werd' ich zum Augenblicke sagen, verweile doch, du bist so schön, so magst du mich in Fesseln schlagen, dann will ich gern zugrunde gehen.«

Boothe: Erst redet Faust vom *Faulbett*, vom Sich-Ergeben an den Genuss.

Frick: Mephisto könnte ihn einsperren in das Genießen des gegenwärtigen Augenblicks. Faust dagegen: Das wird nicht geschehen, weil ich bereit bin, weiter zu gehen, mich zu entwickeln.

Und bezüglich der spirituellen Suche: Sie hängt mit dem gegenwärtigen Augenblick zusammen, aber nicht im Sinne der spirituellen ›Wonne‹, des Sich-Beschränkens auf den Augenblick.

Boothe: Auch Freud würde sagen: Man muss die Blume sehen, ohne an der Bewunderung festzuhalten, um dann zu jammern: Sie ist verwelkt. Den Augenblick muss es geben, aber ich bin ein Akteur in dem Spiel.

Frick: Ich denke gerade an Herrn Johnson, einen jungen Mann, Familienvater mit zwei kleinen Kindern, der wegen eines Hirntumors zu mir kommt, mit einer deutlichen Grenze vor Augen und der Frage, wie er jetzt sein Leben gestalten soll. Er kennt die Bibel sehr gut und auch den Satz:

»Kauft den gegenwärtigen Augenblick aus!« (Eph 5,16).

Den *kairós* auskaufen heißt: jetzt wirklich leben, in meiner Zeit, nicht in der objektiven *(chrónos)*, obwohl wir im Angesicht des Todes und der Vergänglichkeit leben. Das bedeutet für einen Sterbenden: Was sind meine Prioritäten? Welche Reisen möchte ich unternehmen? Welche Menschen will ich treffen? »Sub specie aeternitatis«: Unser zeitliches Leben steht unter dem größeren Kontext des Ewigen, ohne aus Vermeidung und halluzinatorischer Wunscherfüllung alles auf ein ›Jenseits‹ zu verschieben. Das gilt auch für die authentische Spiritualität: in der Gegenwart leben, im Horizont des Unendlichen.

Boothe: Alle Kulturen haben Totenrituale.

Frick: Geschichte der Menschheit fängt mit Spuren von Bestattungsritualen an.

Boothe: Es gibt überall Riten des Überlassens und Übergebens.

Frick: Und das markiert jeweils: Hier ist die Vergänglichkeit, die immer schon da war, deutlich geworden.

Boothe: Es finden sich Überlebende, die sich darum kümmern, die auf unterschiedliche Arten den Toten ehren. Wenn dies nicht geschieht, entsteht ein extremes kulturelles Problem wie bei Massengräbern, Flugzeugabstürzen und Tsunamis. Tote bewusst nicht zu ihrem letzten Frieden zu führen, ist destruktiv. Antigone gerät deshalb mit Kreon in Konflikt, weil sie dem göttlichen Gesetz folgend ihre beiden Brüder bestatten will.

Frick: Der Friede betrifft nicht nur die Verstorbenen, die ihre Totenruhe finden, sondern auch die Hinterbliebenen, die Trauernden. Dass sie einen Ort des Übergangs, des Loslassens haben, einen Ort der Bestattung, an den sie auch zurückkehren können. Der Konflikt zwischen Antigone und Kreon ist ein Konflikt zwischen Unendlichkeit und Endlichkeit. Kreon will das Ritual verbieten, Antigone hält es für ihre Pflicht.

Ich habe gerade mit Medizinstudierenden darüber gesprochen, was sie am Tod fürchten: In ihrem persönlichen Leben haben die wenigsten von diesen jungen Leuten Erfahrungen mit Sterben und Tod. Aber beruflich kommt rasch die Aufgabe auf sie zu, Sterbende zu begleiten und Angehörigen einen Raum und eine Zeit für die Trauer zu eröffnen. Das kann das Sterbezimmer im Krankenhaus sein, wo der Verstorbene noch eine Weile belassen, nicht sofort in einen Leichenkeller ›entsorgt‹ wird. Ärzte können Trauernde auch über die Möglichkeit einer häuslichen Aufbahrung informieren, von der viele nichts wissen. Das gibt allen die Möglichkeit, in Ruhe, in einem persönlichen Rahmen Abschied zu nehmen, in der Zeit zwischen Tod und Bestattung. *Chapelle ardente* («brennende Kapelle«) nennt man im Französischen die Aufbahrung einer Person des öffentlichen Lebens – eine Anspielung auf die vielen Kerzen, die den Toten einrahmen. Auch in vielen Spitälern und Pflegeeinrichtungen werden Kerzen entzündet, um das Ereignis des Todes zu markieren.

Boothe: Die brennenden Kerzen sind etwas Lebendiges, Dynamisches, Wärmendes, das wir sozusagen der Kälte des Todes entgegensetzen. Im Märchen »Gevatter Tod« führt der Tod sein Patenkind, den jungen Arzt, in eine unterirdische Höhle:

»Siehst du«, sprach der Tod, »das sind die Lebenslichter der Menschen. Die großen gehören Kindern, die halbgroßen Eheleuten in ihren besten Jahren, die kleinen gehören Greisen. Doch auch Kinder und junge Leute haben oft nur ein kleines Lichtchen.« »Zeige mir mein Lebenslicht«, sagte der Arzt und meinte, es wäre noch recht groß. Der Tod deutete auf ein kleines Endchen, das eben auszugehen drohte, und sagte: »Siehst du, da ist es.« »Ach, lieber Pate«, sagte der erschrockene Arzt, »zündet mir ein neues an, tut mirs zu Liebe, damit ich meines Lebens genießen kann, König werde und Gemahl der schönen Königstochter.« »Ich kann nicht«, antwortete der Tod, »erst muß eins verlöschen, eh ein neues anbrennt.« »So setzt das alte auf ein neues, das gleich fortbrennt, wenn jenes zu Ende ist«, bat der Arzt. Der Tod stellte sich, als ob er seinen Wunsch erfüllen wollte, langte ein frisches großes Licht herbei: aber weil er sich rächen wollte, versah ers beim Umstecken absichtlich, und das Stückchen fiel um und verlosch. Alsbald sank der Arzt zu Boden, und war nun selbst in die Hand des Todes geraten.[69]

Frick: Der Tod rächt sich am Arzt, weil dieser entgegen der Weisung des Todes den todgeweihten König und die todgeweihte Königstochter geheilt hatte. Die Angst des Arztes vor dem Tod ist eine doppelte: vor dem eigenen Tod – diese Angst ist oft unbewusst, vor allem vor der Lebensmitte – und vor dem Tod des Patienten: durch Versagen der ärztlichen Kunst, durch eigene Fehler, durch Suizid. In der Seele gehören Todesangst und Lebensangst zusammen, sagt C. G. Jung, wer in der Jugend Angst vor dem Leben hat, dem fällt es später auch schwer, die »Geburt des Todes« mitten im Leben zu ertragen, die unaufhörlich dem Tod zustrebende Lebenslinie.

Boothe: Das Märchen hat recht: Der Arzt, der für das Leben kämpft, hat immer den Tod als mehr oder minder bewussten Patenonkel im Rücken. Das zeigt sich emotional an der Angst vor dem Tod und an der Angst vor dem Leben.

Frick: Die brennende Kerze erinnert uns an die Energie, an die Vitalität, aber auch an die Vergänglichkeit unseres Lebens, trotz aller Fortschritte der ärztlichen Kunst. Und wenn wir sie neu anzünden, wenn der Tod eingetreten ist? Auch lange nach dem Tod kann die Kerze der Erinnerung dienen: Im Judentum zum Beispiel ist das Entzünden einer Jahrzeit- oder Seelenkerze am sich jährlich wiederholenden Todestag üblich.

Boothe: Kerzen löschen und wieder anzünden ist etwas Einfaches. Das steht in unserer Macht. Aber wir wissen, dass wir den Verstorbenen nicht wieder lebendig machen, wenn wir am

Totenbett eine Kerze anzünden. Bei aller Hilflosigkeit der Geste ist die brennende Kerze ein offenes, sprechendes, für alle wahrnehmbares Symbol: Vergänglichkeit, Endlichkeit, Unendlichkeit, Ewigkeit, Trauer, wärmende Präsenz, Tod und Lebensfreude … Vieles, auch Unaussprechliches, brennt in der Kerze.

Literatur

Baker, Mark C. & Stewart Goetz (Hrsg.) (2011): The Soul Hypothesis. Investigations into the Existence of the Soul. New York: Continuum.

Beckermann, Ansgar (2008). Das Leib-Seele-Problem. Eine Einführung in die Philosophie des Geistes. Paderborn: Wilhelm Fink.

Duerr, Hans Peter (2015). Die dunkle Nacht der Seele – Nahtod-Erfahrungen und Jenseitsreisen. Frankfurt: Suhrkamp.

Gasser, Georg & Josef Quitterer (Hrsg.) (2010): Die Aktualität des Seelenbegriffs. Interdisziplinäre Zugänge. Paderborn: Schöningh.

Knaup, Marcus (2012). Leib und Seele oder mind and brain? Zu einem Paradigmenwechsel im Menschenbild der Moderne. Freiburg: Karl Alber.

Roth, Gerhard & Nicole Strüber (2014). Wie das Gehirn die Seele macht. Stuttgart: Klett-Cotta.

Whitehead, Alfred North (1929/1984). Prozess und Realität. Frankfurt a. M.: Suhrkamp.

Erstes Kapitel

Baumann-Neuhaus, Eva; Boothe, Brigitte & Ralph Kunz (2012). Religion im Heimalltag. Ältere Menschen erzählen. Band 11 der Reihe Interpretation Interdisziplinär. Herausgegeben von B. Boothe & P. Stoellger. Würzburg: Königshausen & Neumann.

Boothe, Brigitte (2014). »…wenn ich auf das Ende sehe« – Wie viel Zeit bleibt bis zum Tod? Dynamik der Veränderung als lebenslanges Geschehen. In: Hierdeis, Helmwart

(Hrsg.): Wie hältst du's mit dem Tod? Erfahrungen und Reflexionen in der Psychoanalyse (S. 223–247). Göttingen: Vandenhoeck & Ruprecht.

Csikszentmihalyi, Mihaly (2014). Flow and the Foundations of Positive Psychology. The Collected Works of Mihaly Csikszentmihalyi. Berlin: Springer.

Fontane, Theodor (1899). Der Stechlin. München (Goldmann) o. J.

Goethe, Johann Wolfgang von: Torquato Tasso. In: Poetische Werke, Band 5. S. 611–697. Essen: Phaidon Verlag 1999.

Günther, Frank (Hrsg.) (2007). William Shakespeare: König Lear. Zweisprachige Ausgabe. München: dtv.

Halio, Jay L. (Hrsg.) (2005). William Shakespeare: The Tragedy of King Lear. The New Cambridge Shakespeare. Cambridge: University Press.

Jung, Carl Gustav (1963). Zur Psychologie westlicher und östlicher Religion.

Lazar, Ross A. mit Rainer Oechslen und Kirsten Jörgensen (2012). »Faith-in-O« und der Umgang mit der Unbestimmtheit des Todes. In: Frick, Eckhard; Vogel, Ralf T.; Borasio, Gian Domenico; Führer, Monika & Wasner, Maria (Hrsg.): Den Abschied vom Leben verstehen. Psychoanalyse und Palliative Care, S. 63–79. Münchner Reihe Palliative Care Bd 8. Stuttgart: Kohlhammer.

Miltenberger, Sonja (1998). Archiv der Erinnerung. Interviews mit Überlebenden der Shoah. Band 2: Kommentierter Katalog. Beiträge zur Geschichte und Kultur der Juden in Brandenburg, Mecklenburg-Vorpommern, Sachsen, Sachsen-Anhalt und Thüringen. Potsdam: Verlag Berlin-Brandenburg. S. 120–121.

Schmidbauer, Wolfgang (2011). Das kalte Herz. Von der Macht des Geldes und dem Verlust der Gefühle. Hamburg: Murmann.

Stern, Daniel (2011). Ausdrucksformen der Vitalität, Frankfurt a. M.: Suhrkamp.

Wells, Stanley (Hrsg.) (2000): William Shakespeare: King Lear. The Oxford Shakespeare. Oxford: Oxford University Press.

Wittgenstein, Ludwig (1967). Philosophische Untersuchungen. Frankfurt a. M.: Suhrkamp.

Zweites Kapitel

Adamson, Lauren B. & Frick, Janet E. (2003). The Still Face: A History of a Shared Experimental Paradigm Infancy, 4 (4), 451–473.

Argelander, Hermann (1970). Das Erstinterview in der Psychotherapie. Darmstadt: Wissenschaftliche Buchgesellschaft.

Boothe, Brigitte (2013). Urvertrauen und elterliche Praxis. In: Ingolf U. Dalferth & Simon Peng-Keller (Hrsg.): Grundvertrauen. Hermeneutik eines Grenzphänomens. Leipzig: Evangelische Verlagsanstalt, S. 67–86.

Boothe, Brigitte (2005). Seele auf Kredit. Hermeneutische Blätter 1/2, S. 188–196.

Boothe, Brigitte & Heigl-Evers, Annelise (1996). Psychoanalyse der frühen weiblichen Entwicklung. München: Reinhardt.

Boothe, Brigitte (2002). Wie ist es, glücklich zu sein? Märchen zeigen, wie man in der Welt des Wunderbaren sein Glück macht. In: B. Boothe (Hrsg.): Wie kommt man ans Ziel seiner Wünsche? Modelle des Glücks in Märchentexten. Gießen: Imago, Psychosozial-Verlag.

Boothe, Brigitte (2015). Wunsch, Lust und Seelenleben. Ein psychoanalytischer Zugang. In: Jörg Dierken & Malte Dominik Krüger (Hrsg.): Leibbezogene Seele? Interdisziplinäre Erkundungen eines kaum noch fassbaren Begriffs. (S. 147–166). Tübingen: Mohr Siebeck.

Bowlby, John (1975): Bindung. Eine Analyse der Mutter-Kind-Beziehung. München: Kindler.

Ekas, N. V.; Haltigan, J. D. & D. S. Messinger (2013). The Dynamic Still-Face Effect: Do Infants Decrease Bidding Over Time When Parents are Not Responsive? Developmental Psychology 49(6), 1027–1035.

Freud, Sigmund (1900). Die Traumdeutung. GW II/III.

Freud, Sigmund (1905). Studien über Hysterie. GW I.

Freud, Sigmund (1905a). Der Witz und seine Beziehung zum Unbewussten. GW V.

Freud, Sigmund (1908). Der Dichter und das Phantasieren. GW VIII.

Fromm, Erich (1981). Märchen, Mythen, Träume. Eine Einführung in das Verständnis einer vergessenen Sprache. Reinbek: Rowohlt. (Engl. Original erschienen 1951).

Gülich, Elisabeth & Raible, Wolfgang (1977). Linguistische Textmodelle. München: Fink.

Hermann, Marie-Luise (in Vorb.). Was im Leben zählt. Kreditierung und Selbstkreditierung alter Menschen im lebensgeschichtlichen Interview. Bern: Lang.

Jolles, André (1974). Einfache Formen. Legende, Sage, Mythus, Rätsel, Spruch, Kasus Memorabile, Märchen, Witz. Tübingen: Niemeyer (Original erschienen 1930).

Lunin, Lorenz (1996). Zürcher Kinder fantasieren Märchen. Unveröff. Lizentiatsarbeit. Universität Zürich, Psychologisches Institut, Abteilung Klinische Psychologie.

Mesman, J.; van IJzendoorn, M. H. & M. J. Bakermans-Kranenburg (2009). The many faces of the Still-Face Paradigm: A review. Developmental Review (2009).

Propp, Vladimir (1975). Morphologie des Märchens. Frankfurt a. M.: Suhrkamp (Russ. Original erschienen 1928).

Renz-Polster, Herbert (2009): Kinder verstehen. Born to be wild: Wie die Evolution unsere Kinder prägt, München: Ex libris.

Rölleke, Heinz (Hrsg.) (1982). Brüder Grimm. Kinder- und Hausmärchen (KHM), 2. Aufl. Stuttgart: Reclam.

Schenda, Rudolf (1994). Von Mund zu Ohr. Göttingen: Vandenhoeck & Ruprecht.

Tronick, Edward (2003). Things still to be done on the still-face effect. Infancy, 4, 475–482.

Tronick, E.; Adamson, L. B.; Als, H. & Brazelton, T. B. (1975, April). Infant emotions in normal and pertubated interactions. Paper presented at the biennial meeting of the Society for Research in Child Development, Denver, CO.

Tronick, Edward (2005). Why is connection with others so critical? The formation of dyadic states of consciousness and the expansion of individuals' states of consciousness: Coherence governed selection and the co-creation of meaning out of messy meaning making. In: J. Nadel & D. Muir (Hrsg.), Emotional development: Recent research advances (S. 293–315). Oxford: Oxford University Press.

Tronick, E.; Als, H.; Adamson, L.; Wise, S. & Brazelton, T. B. (1978). Infants response to entrapment between contradictory messages in face-to-face interaction. Journal of the

American Academy of Child and Adolescent Psychiatry, 17, 1–13.
Tronick, E.; Brushweller-Stern, N.; Harrison, A. M.; Lyons-Ruth, K.; Morgan, A. C.; Nahum, J. P. et al (1998). Dyadically expanded states of consciousness and the process of therapeutic change. Infant Mental Health Journal, 19, 290–299.
Tronick, E. & Cohn, J. F. (1989). Infant–mother face-to-face interaction: Age and gender differences in coordination and the occurence of miscoordination. Child Development, 60, 85–92.
Tronick, E. & Gianino, A. (1986). Interactive mismatch and repair: Challenges to the coping infant. Zero-to-Three, 6, 1–6.
Tronick, E. Z.; Messinger, D. S.; Weinberg, M. K.; Lester, B. A.; LaGasse, L.; Seifer, R. et al (2005): Cocaine exposure is associated with subtle compromises of infants' and mothers' social-emotional behavior and dyadic features of their interaction in the face-to-face still-face paradigm. Developmental Psychology, 41, 711–722.
Tronick, E., Ricks, M. & Cohn, J. F. (1982). Maternal and infant affective exchange: Patterns of adaptation. In: T. Field & A. Fogel (Hrsg.): Emotion and early interaction (S. 83–100). Hillsdale, NJ: Lawrence Erlbaum.
Tronick, E. & Weinberg, M. K. (1997). Depressed mothers and infants: Failure to form dyadic states of consciousness. In: L. Murray & P. J. Cooper (Hrsg.): Postpartum Depression and Child Development (S. 54–81). New York: The Guilford Press.
Wardetzky, Kristin (1992). Märchen-Lesarten von Kindern. Eine empirische Studie. Bern: Peter Lang.

Wittgenstein, Ludwig (1991). Geheime Tagebücher. 1914–1916. Wien: Turia & Kant.

Drittes Kapitel

Améry, Jean (1971). Unmeisterliche Wanderjahre, Stuttgart: Klett-Cotta.

Améry, Jean (1976). Hand an sich legen. Diskurs über den Freitod. Stuttgart: Klett-Cotta.

Améry, Jean (1978). Charles Bovary, Landarzt. Porträt eines einfachen Mannes. Stuttgart: Klett-Cotta.

Améry, Jean (1978a). Abschiedsbriefe. Asymptote. Selbstmordnotizen; http://www.asymptotejournal.com/nonfiction/jean-amery-suicide-notes/german/

Améry, Jean (1982). Weiterleben – aber wie? Essays 1968–1978 Stuttgart: Klett-Cotta.

Améry, Jean (1997). Wieviel Heimat braucht der Mensch? In: Jenseits von Schuld und Sühne. Bewältigungsversuche eines Überwältigten. Stuttgart: Klett-Cotta (Original 1977).

Améry, Jean (1997a). Die Tortur. In: Jenseits von Schuld und Sühne. Bewältigungsversuche eines Überwältigten. Stuttgart, Klett-Cotta (Original 1977).

Bundesamt für Gesundheit BAG (2015). Epidemiologie von Suiziden, Suizidversuchen und assistierten Suiziden in der Schweiz. April 2015. Redaktion: Elvira Keller-Guglielmetti, Esther Walter (Bundesamt für Gesundheit). Realisierung im Auftrag des BAG: Amina Trevisan (Doktorandin an der Universität Basel). gesundheitspolitik@bag.admin.ch; http://www.bag.admin.ch/themen/gesundheitspolitik/index.html?lang=de

Bundesamt für Gesundheit (2015). Epidemiologie von Suiziden, Suizidversuchen und assistierten Suiziden – Aktualisierte Daten; http://www.bag.admin.ch/themen/gesundheitspolitik/14149/14173/?lang=de

Durkheim, Emile (1983). Frankfurt a. M.: Suhrkamp. (Original 1897).

Hell, Daniel (2011). Ergebnisse der Suizidforschung. 21.02.2011; http://www.depression.uzh.ch/vortraege/erg-suizidfo.pdf

Hillman, James (2002). Selbstmord und seelische Wandlung. Eine Auseinandersetzung. Zürich: Daimon (Original 1966).

Homann, Ursula (2008). Denker ohne Weltvertrauen. Vor dreißig Jahren starb Jean Améry. Tribüne. Zum Verständnis des Judentums. 47, Heft 187/3.

Scheit, Gerhard (Hrsg.) (2007). Jean Améry: Ausgewählte Briefe 1945–1978. Werke Band 8. Stuttgart: Klett-Cotta.

Suizidbriefe. VoyForums. Free messageboard services; http://www.voy.com/23723/4970.html

Wewetzer, Hartmut (2009). Depressionen. Tödliche Traurigkeit. ZEIT online. 12.11.2009; http://pdf.zeit.de/wissen/2009-11/depressionen-enke.pdf

Winkel, Sandra (2005). Suizidialität bei Jugendlichen und jungen Erwachsenen. Die Nutzung von Gesprächsforen im Internet. Dissertation Universität Bremen; http://elib.suub.uni-bremen.de/diss/docs/E-Diss1238_sui.pdf

Anmerkungen

1 Zitiert nach: Brüntrup, Godehard (2010): 3,5-Dimensionalismus und Überleben: ein prozess-ontologischer Ansatz. In: Brüntrup, G., Schwartz, M. & Rugel, M. (Hrsg.) Auferstehung des Leibes – Unsterblichkeit der Seele. Stuttgart: Kohlhammer, S. 245–268 Vereinheitlichen, dass jede Endnote mit einem Punkt endet.

2 Jung, Carl Gustav (1934): Seele und Tod. GW VIII.

3 Keller, Gottfried (1861): Das Fähnlein der sieben Aufrechten. Sechste der sieben Zürcher Novellen. In: Heselhaus, C. (Hrsg.): Gottfried Keller, Sämtliche Werke und ausgewählte Briefe. Zweiter Band. München: Hanser (1958), S. 825.

4 Jung, Carl Gustav GW VIII, § 799.

5 De M'Uzan, Michel (1976/1977): Le travail du trépas. In: De M'Uzan, M. (Hrsg.): De l'art à la mort. Paris, S. 182–199.

6 Jaspers, Karl (1919/1954): Psychologie der Weltanschauungen. Berlin: Julius Springer, S. 229.

7 Sara, ihre Erzählung vom »Gehütetwerden«, Transkription der Erzählung von Sara: Wiedergabe auf der Basis der Transkription des videografierten Interviews SARA, Zeilen 799–809, aus dem Potsdamer Archiv der Erinnerung.

8 Siehe auch: Boothe, Brigitte & Gisela Thoma (2012): Defizitäres Erzählen oder Vermittlung grausamer Präsenz? Überlebende nationalsozialistischer Konzentrationslager erzählen. Journal of Literary Theory 6/1, S. 25–40; sowie: Boothe, Brigitte (2012): Sie haben nicht alle Hoffnung fahren lassen. Das Gruppenengagement jüdischer Frauen in nationalsozialistischen Konzentrationslagern. Gruppenpsychotherapie & Gruppendynamik 48, S. 325–340; außerdem: Fonagy, Peter (2006): Bindungstheorie und Psychoanalyse. Stuttgart: Klett-Cotta; sowie: Grossmann, Klaus E. & Grossmann, Karin (2008). Die psychische Sicherheit in Bindungsbeziehungen. Familiendynamik, 33, 3, 231–259.

9 Hell, Daniel (2008): Steht die Psychotherapie vor einer Spiritualisierung? Tages-Anzeiger Zürich 17.1.2008.

10 Büchner, Georg (1837/1879): Woyzeck. Herausgegeben von Enrico De Angelis. Georg Büchner: Woyzeck. Faksimile, Transkription, Emendation und Lesetext. Buch- und CD-Rom Ausgabe. München: K.G. Saur Verlag (2001).

11 Ebd.

12 Siehe auch: Dennis, Wayne (1941): Infant development under conditions of restricted practice and of minimum social stimulation. Genetic psychology monographs 23, S. 145–189.

13 Schneider, Reto U. (2014): Dieser Versuch macht sprachlos. NZZ Folio August 2014 / »Das Experiment«.

14 Pontes, Ulrich (2013): Liebe – ein Grundnahrungsmittel. dasGehirn.info. 2.4.2013.

15 Siehe dazu: Frick, Eckhard (2015: Psychosomatische Anthropologie. Ein Lehr- und Arbeitsbuch für Unterricht und Studium. Unter Mitarbeit von Harald Gündel. Stuttgart: Kohlhammer.

16 Siehe auch: Katja Gaschler und Anna Buchheim (Hrsg.) (2012). Kinder brauchen Nähe. Sichere Bindungen aufbauen und erhalten. Stuttgart: Schattauer.

17 Bowlby, John (1979): The making and breaking of affectional bonds. London: Tavistock, S. 129.

18 Siehe dazu: Grossmann, Karin & Grossmann, Klaus E. (2012): Bindungen – das Gefüge psychischer Sicherheit. Stuttgart: Klett-Cotta.

19 Siehe dazu die Beiträge von Hloucal, Loetz, Müller und Petersen in: Frick, Eckhard & Vogel, Ralf T. (Hrsg.) (2016): Den Abschied vom Leben verstehen. Psychoanalyse und Palliative Care (2. Auflage). Stuttgart: Kohlhammer.

20 Siehe dazu: Loetz, Cécile & Müller, Jakob (2016): Die Patientenklingel als Bindungssignal. Eine bindungspsychologische Feldstudie zum Konzept der Feinfühligkeit in der Palliativversorgung. In: Frick, E. & Vogel, R.T. (2016), S. 131–150.

21 Siehe auch: Izard, Carroll E. (1991): The Psychology of Emotions. New York: Plenum Press, S. 177–183; sowie: Krause, Rainer (1997): Allgemeine psychoanalytische Krankheitslehre. Stuttgart: Kohlhammer.

22 Siehe: Heal, Jane (2005): Joint attention and understanding the mind. In: Roessler, J. Joint attention: Communication and other minds. Oxford University Press. pp. 34–44.

23 Luhmann, Niklas (2000): Vertrauen. Ein Mechanismus der Reduktion sozialer Komplexität. Stuttgart: UTB, S. 30.

24 Ebd., S. 34.

25 Siehe dazu: Boothe, Brigitte & Grimmer, Bernhard (2005): Die therapeutische Beziehung aus psychoanalytischer Sicht. In: Rössler, W. (Hrsg) (2005): Die therapeutische Beziehung. Heidelberg: Springer, S. 37–58; sowie: Grimmer, Bernhard (2006): Psychotherapeutisches Handeln zwischen Zumuten und Mut machen. Das Beziehungs- und Kommunikationskonzept der Kreditierung. Stuttgart: Kohlhammer.

26 Siehe dazu: Freeman, Mark (1993): Rewriting the Self: History, Memory, Narrative. London: Routledge.

27 Der Fall wird auch beschrieben in: Ugolini, Bettina; Hermann, Marie-Luise & Boothe, Brigitte (2009): Leidvolle Treue – Die therapeutische Beziehung im Trauerprozess und der Weg ins Freie. Psychotherapie im Alter, 21, 1, 31–40. Beratungskonzepte sind zu finden in: Ugolini, Bettina & Brigitte Boothe (2008): Die psychoanalytische Beratungsstelle LiA – Leben im Alter – am Zentrum für Gerontologie. Psychotherapie im Alter 1, S. 97–102.

28 Siehe auch: Boothe & Grimmer (2005).

29 Freud, Sigmund (1928): Der Humor. W XIV.

30 Brüder Grimm (1980): Kinder- und Hausmärchen. Band 1. Darin: »Der alte Großvater und der Enkel« (KHM, Nr. 78). H. Rölleke (Hrsg). Stuttgart: Reclam, S. 389.

31 Von Matt, Peter (1995): Verkommene Söhne, missratene Töchter. Familiendesaster in der Literatur. München: Hanser, S. 132.

32 KHM, Nr. 27, »Die Bremer Stadtmusikanten«, S. 164.

33 Zitat ohne schriftliche Überlieferung; u.a. Wilhelm Busch und auch Bert Brecht zugeschrieben; womöglich erstmals vom Kabarettisten Werner Kroll um 1945 vorgetragen.

34 Siehe dazu: Henseler, Heinz (1974): Narzißtische Krisen. Zur Psychodynamik des Selbstmords. Reinbek bei Hamburg: Rowohlt.

35 Hillman, James (1964/1984): Selbstmord und seelische Wandlung: Eine Auseinandersetzung. Zürich: Daimon, S. 54.

36 Siehe dazu: Jung, C. G. (1934/1967): Seele und Tod. GW VIII

37 Hillman (1964/1984), S. 55.

38 Ebd., S. 59.

39 Siehe dazu: Sembdner Helmut (Hsrg.) (1993): Heinrich von Kleist. Sämtliche Werke und Briefe. München: Hanser. 9., verm. u. revid. Aufl. (bzw. Darmstadt) 1993.

40 Zitiert nach: Wunderlich; http://www.dieterwunderlich.de/Jean Amery.htm

41 WHO-Bericht (2012).

42 Siehe dazu: Arsenault-Lapierre, Geneviève; Kim, Caroline & Turecki, Gustavo (2004): Psychiatric diagnoses in 3275 suicides: a meta-analysis. In: BioMedCentral Psychiatry. 2004, 4, S. 37.

43 FitzGibbon, Gerald H. (1951): The matter of spiritual care of patients. Hospital Progress 32, S. 266 f.

44 Siehe dazu: Frankl, Viktor E. (1946): Ärztliche Seelsorge. Grundlagen der Logotherapie und Existenzanalyse. Wien: Deuticke.

45 Siehe dazu: Saunders, Cicely (2005): Watch with me: Inspiration for a life in hospice care. Lancaster: Observatory Publications.

46 Foucault, Michel (1975/1994): Überwachen und Strafen. Die Geburt des Gefängnisses (1. Aufl. Aufl.). Frankfurt a. M.: Suhrkamp, S. 41 f.

47 Siehe dazu: Foucault, Michel (1985): Freiheit und Selbstsorge: Interview 1984 und Vorlesung 1982. Hrsg. von Helmut Beckert (Materialis-Programm; 30). Frankfurt a. M.: Materialis.

48 Metzinger, Thomas (2013): Spiritualität und intellektuelle Redlichkeit. Ein Versuch. Mainz: Selbstverlag, S. 11.

49 Ebd., S. 9.

50 Ebd., S. 12.

51 Ebd., S. 15.

52 Ebd., S. 27.

53 Ebd., S. 26.

54 Habermas, Jürgen (1973) Legitimationsprobleme im Spätkapitalismus. Frankfurt a. M.: Suhrkamp, S. 165.

55 Siehe dazu: Muck, Otto (2016): Pluralität von Spiritualitäten. Eine religionsphilosophische Reflexion über Spiritualität. Zeitschrift für Katholische Theologie 138, S. 159–172.

56 Spaemann, Robert (2007): Tod und futurum exactum. In: Ders. (Hrsg.), Personen: Versuche über den Unterschied zwischen ›etwas‹ und ›jemand‹. Stuttgart: Klett-Cotta, S. 123.

57 Ebd., S. 130.

58 Siehe dazu: Baumann, Klaus & Frick, Eckhard (i.V.). Spiritualität – Bedürfnis und Begehren – Empirische Forschung und theologisch-philosophische Reflexion können voneinander lernen. In: Hahn, K., Nauerth, M., Tüllmann, M. & Kösterke, S. (Hrsg.) Religionssensibilität in der Sozialen Arbeit. Positionen, Theorien, Praxisfelder. Stuttgart: Kohlhammer.

59 Spaemann (2007), S. 131.

60 Freud, Sigmund (1916a): Vergänglichkeit. In: Gesammelte Werke (Bd. 10). London: Imago. S. 358–361; S. 358.

61 Siehe dazu: Spaemann (2007), S. 123.

62 Freud (1916a), S. 361.

63 Jung (1934/1967), S. 463.

64 Ebd., S. 464.

65 Kierkegaard, Søren (1846/1957) Abschließende unwissenschaftliche Nachschrift zu den Philosophischen Brocken (GW 16,1). Düsseldorf Köln: Diederichs, S. 187f.

66 Freud (1916a), S. 360.

67 Lacan, Jacques (1966): Ecrits. Paris: Seuil, S. 319.

68 Kierkegaard, Søren (1844/2012): Die Krankheit zum Tode. Wiesbaden: Matrix, S. 147 f.

69 KHM, Nr. 44: »Der Gevatter Tod«, S. 230.